비즈니스 모델 디자인

BUSINESS

비즈니스 모델 디자인

MODEL

하버드 MBA식 케이스 스터디

고야마 류스케 지음 | 정지영 옮김

DESIGN

유엑스리뷰

우리는 왜 비즈니스 모델을 배우는가

비즈니스 리더를 목표로 한다면 반드시 비즈니스 모델을 알아야 한다. 신규 사업 담당자만 알아야 하는 것도 아니고, 경영 기획 담당자만 알아야 하는 것도 아니다. 추상적인 경영 전략을 구체적인 비즈니스 프로세스로 구현시키는 가교 역할을 하는 것이 비즈니스 모델이며, 이를 만드는 것이 곧 비즈니스 리더가 할 일이기 때문이다.

이 일이 제대로 되지 않으면 고상한 경영 전략도 탁상공론으로 방치될 것이고, 현장은 올바른 전략인지도 모른 채 그저 PDCA(계획, 실행, 확인, 조치를 반복하면서 관리하는 시스템-역주)만 계속 돌리게 된다. 이것이 '잃어버린 수십 년'이라고 불리는 일본의 비즈니스 상황이다. 만일 비즈니스 모델을 배우지 않으면 이 비참한 비즈니스 상황을 다시 재현하게 될 것이다.

그래서 우선 두 가지 오해를 풀고 싶다.

비즈니스 모델은 경영 전략 그 자체가 아니다.

경영 전략은 '버리는 일'이다. 다양한 옵션 중 하나를 골라 자원을 집중한다. 선택이라기보다 하나를 제외하고 버릴 수 있는 담력이 요구된다. 반면에 비즈니스 모델은 '연결하는 일'이다. 다양한 자원, 기술, 활동을 연결해 비즈니스로 성립시켜야 한다. 이때는 복잡한 퍼즐을 맞추는 끈기가 요구된다.

비즈니스 모델은 단순한 비즈니스 프로세스도 아니다.

MBA 취득자를 폄하하는 말로 '현장을 모른다'라는 말이 있다. 현장에서는 생생한 대화가 이루어지고, 장애물을 뛰어넘기 위한 노력이 거듭된다. 비즈니스 프로세스 하나하나에 드라마가 있을 것이다.

그에 비하면 비즈니스 모델을 설계하는 것은 태평한 일처럼 보일지도 모른다. 그러나 비즈니스 모델이 없으면 비즈니스 프로세스가 전체의 가치로 이어지지 않는다. 현장의 헛수고를 줄이는 것이 비즈니스 모델이고, 이를 다루는 비즈니스 리더는 현장과 운명 공동체라 할 수 있다.

다시 말해, 비즈니스 모델 설계란 추상적인 경영 전략만 늘어놓는 가벼운 논의도 아니고, 현장의 고충에 정신이 팔려 전체를 보지 못하는 시야 협착에 빠지는 것도 아니다. 객관적인 실제 전략과 주관적인 현장의 현실이 교차하는 영역이 바로 비즈니스 모델이다.

그러니 만약 여러분이 아직 현장을 잘 몰라서 "경험이 부족하다"라고 비판받는다면 비즈니스 모델에 관해 공부해야 한다. 처음 경험하는 현장에서도 활동 하나하나, 시설 하나하나가 연결되어 가치를 창출하는 시스템인 '현장'이 보일 것이다. "경험해 보지 않으면 모른다"라는 말은 틀렸다. 인류는 경험하지도 않은 것들을 발명해 오지 않았던가?

만약 여러분이 현장밖에 모르고, "사업 전체를 보지 못한다"라고 비판받는다면 역시나 비즈니스 모델을 공부하기 바란다. 여러분은 현장에서 몸으로 터득한 지식으로 세상 전체를 직관하고 있다. 그 직관이 빛을 볼 수 있게 하는 것이 비즈니스 모델이다. 현장에서 왜 문제가 일어나고, 그 문제를 해결하면 '전체'가 어떻게 되어 갈지 훤히 보인다. 경험이 풍부한 모험가가 처음으로 세계 지도를 손에 넣었을 때 들 법한 기분일 것이다. 논리만으로 세상을 다 아는 것처럼 구는 사람들을 놀라게 해 주자.

마음의 준비가 되었다면 이제 비즈니스 모델을 배우는 여행 길에 올라 보자.

고야마 류스케

목차

1

케이스 메소드 교육이란

다케우치 신이치

나고야 상과대학 비즈니스 스쿨 교수
케이스센터 소장

케이스 메소드
교육의 정의

케이스 메소드Case Method of Instruction를 가르치는 입장에서 그것을 가장 간단히 정의 내리자면 '사례(케이스) 교재를 바탕으로 학생들에게 토의하도록 해서 학습시키는 교수법'이라고 할 수 있다. 하지만 이 설명만으로는 독자들이 이해하기 어려울 것이다.

그래서 이 교수법을 활용하는 상황을 일단 비즈니스 스쿨로 좁혀 생각하고 다음과 같은 설명을 덧붙여 보고자 한다.

1. 케이스에는 현실의 기업, 그리고 그곳에 종사하는 핵심 인물을 주인공으로 한 경영상의 사건이 객관적으로 기술되어 있다. 또 케이스 작성자가 제시한 문제의 분석이나 고찰은 일절 쓰지 않는다. 케이스에서 제시된 문제를 분석하거나 해결로 이어지는 활동을 구상하는 것은 이를 읽는 학생의 몫이다. 따라서 케이스는 읽는 쪽이 해

결해야 하는 주요 과제를 확실히 남겨 두는 형태로 작성된다.

2. 교사는 케이스에 기술된 내용 자체를 가르치지 않고, 케이스에 대한 자신의 분석이나 고찰을 설명하지도 않는다. 교사의 역할은 어디까지나 참가자에게 그 문제가 어디에서 왜 발생해서, 지금 어떠한 상황에 놓여 있고, 앞으로 어떻게 되어 갈지 이해시킨 다음 대처법을 논의하게 하는 것이다.

만약 교사가 케이스 내용이나 그 케이스를 파악하는 자신의 의견을 또렷이 설명한다면, 케이스를 교재로 사용하더라도 케이스 메소드 수업으로는 미흡하다고 할 수밖에 없다.

3. 교사는 학생에게 가르치고자 하는 사항(교육 목적이나 훈련 주제, 혹은 러닝 골Learning goal이라고 한다)을 학습시키기 위해 의도적으로 토의를 유도한다. 단, 학생들의 자발적이고 주체적인 토론을 방해하지 않도록 유의해야 한다.

여기서 교사의 역할은 단순히 토론 분위기를 고조시키는 것이 아니다. 중요한 것은 학생이 정말 학습했는지, 깊은 배움을 얻었는지이다. 다시 말해 토의를 통해 학생

개개인이 지금까지 확신해 온 사항들이 조금이라도 흔들렸는지에 중점을 둔다. 따라서 교사는 학생을 다양한 방식으로 흔들고자 노력해야 한다.

4. 일반적인 비즈니스 스쿨에서는 학생의 성적을 평가할 때 발언의 분량과 내용의 질을 바탕으로 '클래스 기여 점수'가 일정한 비율로 들어간다. 따라서 학생이 클래스에서 좋은 성적을 거두는 확실한 방법은 내용이 충실한 발언을 많이 하는 것이다. 비즈니스 스쿨의 모든 수업에서 학생들이 지명받고자 간절한 마음으로 교사에게 강한 시선을 보내며 끈질기게 손을 드는 것도 그 때문이다.

이제 비즈니스 스쿨의 케이스 메소드 수업이 조금은 실감 나게 다가오지 않는가? 여기까지 읽고 '나도 그런 수업에 참여해보고 싶다' 하는 마음이 조금이라도 들었다면 이 책을 단숨에 끝까지 읽을 수 있을 것이다.

교육학적 관점의
케이스 메소드

앞 단락에서 봤듯이 케이스 메소드를 글로 설명하는 것은 어떻게든 가능하지만, 그것을 실행으로 옮기는 형식은 매우 다양하며, 표준적인 수업이 정해져 있지 않다. 비즈니스 스쿨의 케이스 메소드는 100년의 역사가 있지만, 그 시간 동안 표준화가 진행된 것이 아니라 오히려 정체된 느낌마저 있다. 이번 단락에서는 이를 설명하면서 교육 접근법 측면에서 케이스 메소드를 살펴보겠다. 그리고 케이스 메소드가 단순한 교육 수단이나 방법인지, 혹은 그 이상인지 화제를 넓혀 가고자 한다.

이 책의 목적은 비즈니스 스쿨의 수업 소개이기 때문에 학문상의 문맥은 경영학이라고 해도, 이번 장의 집필을 맡은 필자는 교육학을 하는 사람이기도 하니 잠시 케이스 메소드를 교육학적으로 이야기해 보겠다.

하버드 비즈니스 스쿨Harvard Business School, 이하 HBS의 가빈

교수David A. Garvin에 따르면 이 교수법의 초기 형태는 1870년 무렵 하버드 로스쿨Harvard Law School, 이하 HLS의 랭델 학장 Christopher C. Langdel에 의해 미국에서 시작되었다.[1] 초기 형태는 케이스case(재판의 판례)를 토대로 토론 수업으로 진행하는 교수법이었지만, 오늘날 필자들이 일상적으로 실시하는 케이스 메소드 교육은 1920년대부터 HBS에서 시작된 케이스(경영상의 문제에 직면하는 상황을 이야기 방식으로 기술한 사례 교재)를 이용한 토론 수업에 뿌리를 두고 있다. 당시 교수회의 기록에 의하면 이 교수법을 처음에는 'Case System'이라고 불렀기에 훗날 'Case Method'라고 부르게 된 듯하다.

고등 교육사를 돌이켜 보면 케이스 메소드 교육은 신흥 대학보다도 전통적인 대학에서 공들여 개발되었다고 말할 수 있다. 학문의 자유를 중시하는 교육 연구 조직에 몸담은 대학 교수들이 그 수만큼 개별적인 티칭 스타일을 구축하고, 케이스 메소드 수업을 다양화시켜 유연성 있는 교육 활동으로 키워 낸 것이다.

그러나 그곳에는 다양성과 유연성만 있는 것이 아니라 그들을 한데 묶으려는 강한 구심력도 있었다. 그것이 '참가자 중심participant centered'이라는 교육 접근법이다. 비슷한 말로 '학생 중심student centered(반대말은 teacher centered)'이 있는데, 이것은 교실의 중심이 교사가 아닌 학생이라는 것을 나타낼 뿐이다. 여기에는 학생을 수업의 주역으로 하기 위한 교사의 많은 준비와 노력이 포함되지 않는다.

케이스 메소드가 참가자 중심으로 계속되면서 케이스 메소드는 '교육 방법teaching method'을 넘어 '교수법pedagogy'의 차원으로 발전했다. 이것은 케이스 메소드로 가르치는 사람에게든 학습하는 사람에게든 매우 중요할 것이다.
'pedagogy'는 교육학이라는 의미까지 확장되는 단어이므로 케이스 메소드는 이미 교육 기법의 하나가 아니라 교육의 이상적인 상태나 도달점이라고 생각할 수 있다.

비즈니스 스쿨에서 케이스 메소드는 이미 교원 개인이 선택하는 교육의 한 방법이 아니라, 적어도 참가자 중심의 접근법participant centered approach 혹은 능동적 학습Active Learning을 이루기 위한 방법론이며, 가능하다면 비즈니스 스쿨이라는 조직의 핵심적 자산이어야 한다고 논의되고 있다.

케이스 메소드로
정말 배울 수 있을까

케이스 메소드의 대명사라고 불리는 비즈니스 스쿨에서도 케이스 메소드 교육을 실제로 시행하는 학교는 소수에 불과하다. 게다가 "본교에서는 케이스 메소드 방식을 채택하고 있습니다"라고 해도 '그 수업을 정말 케이스 메소드라고 할 수 있는가?' 하는 의문을 씻어 내기 어렵다.

케이스 메소드 교육을 조직적으로 실행하려면 그만큼의 고충과 대가가 따르기 때문이다. 현실적으로 비즈니스 스쿨이 실시하는 케이스 메소드 교육은 이번 장의 서두에서 열거한 4개의 설명 중 어느 하나가 부족한 모습이 많이 보인다.

필자가 이런 점을 일부러 비판하는 것은 아니다. 교육의 천성이자 숙명이기 때문에 어쩔 수 없다. HBS의 듀잉 교수 Arthur S. Dewing가 말한 대로 교육을 전수형과 훈련형으로 나눈다면2 교육은 저절로 전수형으로 향하는 구조로 되어 있다. 그 작용에는 여러 가지 합리적 이유가 있고 배경도 있으며, 교육기관이라고 하는 조직과 그곳에 종사하는 사람의 기호도 반영된다.

교육계에서 비주류에 속하는 케이스 메소드 교육은 순수하게 실행되면 될수록 사회에서 희소하게 여겨지고 뜨거운 응원을 받지만, 주류 측의 비판도 피할 수 없다.

케이스 메소드가 비판받는 이유를 들자면, "효율적으로 지식을 습득할 수 없어 학습자의 지식량이 부족해질 수 있다", "교육 효과를 양적으로 측정할 수 없다", "수업의 질이 편차가 커서 교육의 질을 보장하기 어렵다", "학생이 토론을 버텨낼 기초 학력이 없다", "토론을 시키기에는 클래스 사이즈가 지나치게 크다", "케이스 작성을 비롯한 수업 준비에 시간이 부족하다" 등이 있다.

흔히 언급되는 이유 몇 가지를 교육 방법상의 과제부터 교사들이 갖는 교육 자원상의 과제까지 나열해 보았는데, 이렇듯 고전적인 전수형 교육 여건에서는 훈련형 교육을 비판하는 갖가지 이유가 나온다.

이에 대해 케이스 메소드 진영은 "케이스 메소드는 사고력과 의사 결정력을 기른다"며 반론한다. 이 말을 믿고자 하면 믿을 수도 있지만 "설득하는 데 결정타가 부족하다"라고 하면

강하게 반박할 수 없다. 안타깝지만, 약한 반론 정도로 받아들여질 수 있을 것이다.

"조지 부시George W. Bush, 마이클 블룸버그Michael Bloomberg, 미키타니 히로시三木谷浩史(라쿠텐 창업자-역주), 니나미 다케시新浪剛史(산토리홀딩스 사장-역주) 모두 케이스 메소드로 공부해서 활약하고 있다"라는 말에 수긍하는 사람도 있고, 그 말은 객관적인 증거로 설명할 수 없다고 의문을 거두지 않는 사람도 있다.

증거가 제대로 나와 있지 않지만, 전문가 집단인 교수진의 방대한 경험을 바탕으로 수료생의 확실한 활약이 있고 기업계의 신뢰도 있었기에 케이스 메소드는 사회에서 지지를 받아왔다. 이는 분명한 사실이다. 이런 종류의 교육재(교수법을 재화로 파악하는 데 위화감도 있겠지만)를 깊이 이해하려면 증거에 의지해 '다른 곳에서 설득당하는 것'이 아니라 역사나 사상, 기구를 실마리로 '스스로 신뢰하는 것'도 필요하다. 그러나 그런 자세를 보이는 사람이 많지 않으므로 교육계 전반에서 케이스 메소드에 품는 모종의 불신감은 사라지지 않는 것이다.

필자는 교수법을 산에 빗대어 생각하기도 한다. 많은 등산가가 산의 가장 큰 매력을 산 정상에서 보이는 전망이라고 할 것이다. 산기슭이나 중턱에서 보이는 경치나 올라가기 쉽다는 이유로 산을 사랑하는 경우는 많지 않다.

교수법도 비슷하게 말할 수 있다. 케이스 메소드라는 산은 산기슭이나 중턱에서 다양한 문제가 발생하기 쉽지만, 산꼭대기에 가까워질수록 특별한 전망이 펼쳐져서 기법만으로 파악했을 때의 문제점들이 더는 문제가 아니게 된다. 케이스 메소드라는 산꼭대기에서 경영 인재 육성을 전망했을 때 '이 교수법은 역시 믿음이 간다'라고 진심으로 생각할 수 있다.

반면에 케이스 메소드를 비판하는 사람의 상당수는 산기슭이나 산 중턱까지만 와서 비판한다. 필자는 산꼭대기 부근의 전망을 알고 있기 때문에 그런 비판은 이제 별로 신경 쓰지 않는다.

케이스 메소드,
어떻게 가르쳐야 할까

사람들은 전문직 대학원은 실무를 지향하고, 학술 대학원은 연구를 지향한다고 인식하는 경향이 있는데, 실제로는 그렇게 단순하지 않다.

이것을 케이스 메소드에 연결하면 다음과 같이 말할 수 있다. 케이스 메소드 수업에서는 매회 n=1의 단일 사례를 토대로 토의하고, 그 해당 사례가 도달해야 할 목표의 상태를 'case by case'라는 표현으로 회피하지 않고 깊이 탐구하려고 한다. 이런 지적 활동에는 오직 한 사례의 문제를 해결할 뿐, 보편화를 추구하지 않는 소극적인 태도와 한정된 사례가 부당하게 일반화되는 지나친 느낌이 공존한다. 둘 다 과학적 탐구라고 말하기 어렵다. 이때는 소극적인 태도와 지나친 느낌을 모두 시야에 넣고, 경영의 실천을 '과학'의 차원에서 다룰 필요가 있다.

그런 새로운 과학의 이상향을 탐구하던 사회학자 요시다 다미토吉田民人는 기존의 과학처럼 이미 생겨난 많은 사상을 객관적이고 포괄적으로 설명하는 것이 아니라 앞으로 발생시키고 싶은 하나의 사상을 정교하게 창조하려는 행위에 '설계 과학'이라는 개념을 부여하고 있다.

이러한 과학 개념에 준하는 학업을 비즈니스 스쿨의 수업에서 진행하려면 경험적인 경영 지식만 가지고는 실현할 수 없다. 깊은 지식 혹은 경험을 기반으로 많은 샘플 사례를 객관적으로 파악해 자의를 배제하고 냉정하게 고찰하는 방식이 정착된 '학문'이 반드시 뒷받침되어야 한다.

고도 성장기 일본의 경영 교육은 양대 전문 연수 회사가 맡았으며, 대학은 기업의 기대에 별로 부응하지 못했다. 이 시기의 경영은 학문일 필요도, 과학일 필요도 없었을지 모른다. 그러나 곳곳에 경영대학원이 들어서고 대학들이 각축을 벌여 오면서 대학이 가진 문제 설정력, 분석 고찰력, 지식 발신력이 기업의 인재 육성에 이바지하고 있다는 확신이 생겼다. 기업 연수에서도 사내 대학의 리더 선발과 육성에 국내외 비즈니스 스쿨의 교원이 크게 관여하고 있다. 비즈니스 스쿨 교육과 기업 내 교육의 경계는 예전만큼 명확하지 않다.

이와 같이 경영이 정말 과학이라면 비즈니스 스쿨의 수업도 분석 틀을 활용하거나 이론을 실제로 적용하는 차원에 그치지 않고, 다채로운 학문의 뒷받침 속에 경계를 넘어 경영 실천을 모티브로 한 종합 예술로 취급해야 한다. 그리되면 학술 대학원이 좀 더 앞서 나갈 것이며, 전통적인 대학이 설치한 비즈니스 스쿨의 진가가 드러날 것이다.

여기까지의 문맥을 통해 케이스 메소드 교육의 특징에서 "교사가 강의를 하지 않는다" "다루는 문제에 정답이 없다"라는 부분만 지나치게 강조되면서 생기는 폐해도 아울러 지적해 두고 싶다.

표면상 케이스 메소드 수업은 교사가 무엇을 가르치는 형식이 아니며, 과학적으로 무언가를 탐구하는 것도 아니다. 그런데 수강 설문조사에는 "토의가 즐거웠다"라는 말이 줄지어 나오기 때문에 수업을 하는 사람은 그것에 연연하기 쉽다. 이래서는 전문가가 시행하는 성실한 교육이라고 할 수 없다. 이런 점은 '가짜 케이스 메소드'라는 표현으로 1940년대 미국 비즈니스 스쿨계에서 이미 크게 지적된 바 있다.[3]

그런 한편, 케이스 메소드 교육을 진지하게 실천하는 비즈니스 스쿨에서는 교원들이 케이스 메소드를 '진짜'로 하기 위해 밤낮없이 노력하고 있고, 가짜 케이스 메소드를 명확하게 가려내기 위해 꼼꼼한 자기 점검을 거듭하고 있다.

학생들은 어떻게
케이스 메소드를 접할까

나고야 상대 비즈니스 스쿨의 경우, 입학자의 약 80~90%는 본교가 입학 지원자에게 제공하는 체험 수업을 거친다. 필자가 비즈니스 스쿨에서 학습하던 시기에는 그런 기회가 거의 없었던 것을 생각하면 오늘날의 학생들은 혜택을 받는다고 할 수 있다.

그러나 한두 차례의 체험 수업으로는 한정된 사항밖에 파악할 수 없으므로 일단 케이스 메소드를 접했다는 정도에 불과하다.

또한 입시 면접에서는 모든 지원자에게 "클래스 토의에 어떤 기여를 할 수 있는가?"라고 반드시 묻는다. 입학 후 클래스에서 또렷하게 의견을 말하는 지원자도 많지만, 남 앞에서 말하는 것이 서툴다는 약점을 인정하고 이를 극복하기 위해 입학을 지망하는 지원자가 압도적으로 많다. 이처럼 본교 비즈니스 스쿨은 처음부터 적임자를 뽑아 시작하지 않는다.

입학하고 나서 적임자가 되어 가도록 한다. 본교에 입학하는 학생이라고 해도 처음에 케이스를 바탕으로 토론하며 배우는 것이 불안하여 부정적인 인상을 품었을지도 모른다. 그런데도 입학을 결심하는 과정에서 그것을 털어 내고, 케이스 메소드를 통해 공부할 기대에 부풀어 그와 운명을 함께할 각오로 입학한다.

그렇다면 그런 신입생들은 입학 후 케이스 메소드 교육에 어떻게 적응할까? 그것은 '당위 법칙'이 아닌 '필연 법칙'에 따른다. 이미 많은 입학금과 등록금을 낸 신입생들은 케이스 메소드로 진행하는 MBA 프로그램에 적응할 수밖에 없다. 케이스를 예습해서 클래스에서 발언하지 않으면 성적이 고르지 못하고, 승급도 졸업도 할 수 없기 때문이다.

케이스 예습, 즉 발언 준비를 마친 학생은 클래스 토의에 앞서 소그룹으로 토론을 하게 되는데, 그 자리에서 누가 얼마나 공을 들였는지 한눈에 드러난다. 의욕적인 학생들끼리 의기투합하는 배움의 흐름에 합류하지 못한 학생은 다음 수업까지 깊이 반성하고 다시 시작해야 한다. 조금 폭력적으로 들릴지 모르지만, 여기에서 살아남으려면 열심히 예습해서 그룹 동료들에게 인정받고, 클래스에 기여하는 발언으로 교사에게 좋은 평가를 받아야 한다.

이런 이유로 입학 후 첫 수업에서는 발언할 수 있어 다행이라는 표정으로 깊이 안도하는 학생과 발언하지 못해 낙담하는 학생의 모습이 교실 곳곳에 보인다. 이 모습이 신입생을 맞이하는 본교의 4월과 9월 풍경이다.

비즈니스 스쿨의 수업에 크고 작은 서바이벌이 존재하는 것이 사실이라고 해도 공동의 가치 창조가 경쟁을 웃돌 수 있도록 하는 장치도 여러 겹 마련되어 있다. 예를 들어 본교에서는 케이스 메소드 수업의 모든 참가자에게 용기, 예절, 관용이라는 덕목을 요구하고, 교실에서는 배움의 공동체를 목표로 로스쿨의 소크라틱Socratic한 분위기가 아니라 따뜻한 분위기를 유지하도록 노력하고 있다.

이렇게 케이스 메소드로 학습하는 비즈니스 스쿨에 입학하면 예습에 예습을 거듭하는 2년의 시간이 시작된다. 처음 한두 달은 정말 '살아도 사는 게 아니다'라는 기분이 든다. 그러나 비즈니스 스쿨에 오는 학생들은 학습 능력이 높아서 금방 예습에 익숙해지고, 발언도 능숙해진다. 비일상적으로 느껴지던 날들도 곧 일상이 되어 습관화된다. 그래도 케이스의 예습이 생활을 '지배'하는 데 변화는 없다.

학생들은 왜 이런 고행을
견뎌 낼까

필자가 게이오기주쿠慶應義塾 대학 비즈니스 스쿨KBS의 MBA
학생이었던 시절, 처음 입학하고 합숙할 때 신입생을 담당하
던 요다 다쿠로余田拓郎 교수(현재는 경영 관리연구과 위원장, 비즈니스
스쿨 교장)에게 "여기에서 2년 동안 공부하면 어떻게 되나요?"
라고 물은 적이 있다. 요다 교수도 KBS의 MBA 취득자였기
에 입학하자마자 치열한 예습 전쟁으로 끙끙 앓고 있던 필자
는 교수님께 물어보고 싶었던 것이다.

요다 교수는 "졸업하면 육즙처럼 천천히 우러나온다"라고
답했다. 그 말을 듣고 알쏭달쏭한 기분이 들었지만, 독특한
표현이 지금도 가끔 떠오른다.

2년 후 필자도 졸업하고 다시 사회에 나왔다. 그때 느꼈던 것
은 클라이언트 기업의 비즈니스를 운영하기가 매우 편했다
는 것이다. 마치 고속도로를 그럭저럭 성능이 좋은 자동차로
달리면서 자유자재로 가속했다가 감속하고 있는데, 도로 상

황도 대체로 간파되는 느낌이었다. 지금 돌이켜 보면 굉장히 그리운 느낌이지만, 그때는 확실히 그랬다.

비즈니스 스쿨에서 대량의 정보를 연달아 빠르게 처리하다 보면 정보 수집이나 분석 및 판단을 무조건 빨리하지 않아도 되는 세계로 돌아왔을 때 여유가 생긴다. 그 여유를 중장기적인 전망, 전략 입안, 직장 환경의 정비, 타인에 대한 배려, 후진 양성, 나아가 새로운 자기 계발에 쓸 수 있다. 그 연장선상에서 상위의 매니지먼트 직책을 맡아 활약하는 모습도 보인다.

졸업 후에는 지위나 급여가 달라지기도 하지만, 무엇보다 시간의 질이 바뀐다. 자동차에 비유하자면 엔진과 바퀴의 강화로 주행의 질이 향상되어 달리고, 회전하고, 정지하는 데 전부 상쾌한 느낌이 증가하는 것이다.

선배들에게 이런 이야기를 듣기 때문에 학생들은 고행을 견디려고 한다. 그 과정을 통해 동서고금의 비즈니스 스쿨에서 '강인함Tough Mindedness'이라고 일컬어지며 존중해 온 정신력(어느 때는 신통력마저 있을 것이다)이 단련됨과 동시에, 동료가 잘 모르는 영역의 케이스 준비는 자진해서 도와주기도 하면서 사람의 그릇도 넓어져 간다. 이렇듯 케이스 메소드에는 인성 교육이라는 중요한 일면이 있어, HBS의 옛 교원들은 "케이스 메소드는 태도의 교육"이라고 단언할 정도였다.

케이스 메소드 교육의 역사는 이 교수법으로 배운 사람들의 깊은 '만족'으로 유지되어 왔다. 그것은 수업 시간마다 측정하는 만족도 조사 같은 단편적인 만족감도 아니고, "오늘은 수업에 참여해서 기분 좋게 발언할 수 있었다"라는 식의 가볍게 맛볼 수 있는 만족감도 아니다. 시간과 노력을 들여 기른 작물이 긴 세월을 거쳐 여물기 시작했을 때 비로소 느낄 수 있는 고차원의 만족감이다. 증거도 중요하겠지만 당사자의 만족, 그것도 고차원의 만족이 가장 중요하지 않을까?

비즈니스 스쿨에서 얻는 것은 직접적으로는 경영 관리 능력이라고 해도, 인간적인 성장도 강력하게 따라오므로 자신의 삶이 풍요로워지면서 행복감도 뒤따른다. 따라서 학생들은 온갖 역경을 딛고 MBA 학위를 취득하고자 한다. 이때 갖추게 되는 경영 관리 능력에도, 인간적 성장의 발자취에도 케이스 메소드라는 교수법이 크게 영향을 준다는 사실이 사회에서 의외로 이해받지 못하는 것이 아닌가 생각하며 이번 장을 써 내려갔다.

이 책의 도입부에서 하는 설명은 여기까지다. 다음 장부터는 이 책의 중추를 담당하는 본교의 교원이 학생들을 향해 공들여 구축하고 정교하게 실천하고 있는 케이스 메소드 수업의 A to Z를 생생하고 뜨겁게 소개할 것이다.

미주

1. Garvin, David A. (2003), ⟨Making The Case⟩, Harvard Magazine, Sept-Oct 2003, Vol.106, No.1, pp.55-65.
2. Dewing, Arthur S.(1954), "An Introduction to Use Cases", in McNair, Malcolm P.(ed.), The Case Method at the Harvard Business School: Papers by Present and Past Members of the Faculty and Staff, pp.1-5, McGraw-Hill.
3. Gragg, Charles I., "Because Wisdom Can't be told", in McNair, Malcolm P.(ed.), The Case Method at the Harvard Business School: Papers by Present and Past Members of the Faculty and Staff, pp.7-14, McGraw-Hill, 1954.

2

케이스 메소드
수업 소화하기

케이스 메소드는
왜 실천적일까

프로젝트 기반 학습이란 사례를 이용해 문제를 해결하는 실천 체험형 학습법을 말한다.

예를 들면, 어느 기업에서는 신규 사업 아이디어를 반년에 걸쳐 다듬고 그 실현 가능성을 실증했다. 또 한 기업은 차세대 경영 인재 육성을 위해 기존 사업의 개선점을 경영진에 보고하는 프로젝트를 실행했다. 모두 기업 내의 실질적인 과제를 주제로 놓고, 과제 해결에 필요한 비즈니스 스킬을 터득하면서 몰두해 갔다.

프로젝트 기반 학습은 과목별로 학습을 쌓아 가는 서브젝트 기반 학습Subject based learning과 대비된다. 많은 기업에서 과목별로 연수를 하고 있지만, 실무로 이어지기 어렵다는 의견이 많다. 기업 내의 실제 프로젝트를 사례로 이용하면 실무에 직결하는 실천적 학습이 가능하다.

실무에 몸담고 있는 실무 교원으로서 케이스 메소드의 유효

성은 의심할 여지가 없다. 케이스 메소드에서 다루는 케이스는 실무에서 직면하는 상황을 토대로 하기 때문에 수강하는 학생은 항상 자신이 놓여 있는 상황과 대조하면서 깊은 배움을 얻을 수 있다. 이렇게 케이스 메소드는 이론과 실천의 중개 역할을 한다.

그러나 케이스 메소드가 성과를 내는 이유를 "케이스가 실제 상황을 바탕으로 한다"라고만 하기에는 부족하다. 케이스를 수없이 소화한다고 해도 그저 과거 사례를 현실 세계에 자의적으로 적용한다면 편의주의일 뿐이다. 반대로 과거에 비슷한 사례가 없다고 해서 대응하지 못한다면 전례주의라는 비난을 면하기 어려울 것이다. 케이스 메소드에 의한 교육법은 그렇게 사례를 아는 것에 그치지 않는다.

실제 프로젝트처럼 케이스에는 미리 준비된 절대적인 정답이 없다. 아무리 노력해서 최적의 답을 찾아봐도 최종적인 정답에 도달할 수 없다. 그래서 항상 더 나은 해답이 존재할 가능성을 열어 둔다. 우리는 논의를 통해 점진적으로 진리에 다가가지만, 끝내 도달할 수 없다는 태도로 케이스를 마주한다.

그 때문에 케이스 메소드에서는 케이스를 A와 B로 나누고, 케이스 A에서 나온 결론을 그 후에 제시하는 케이스 B에서 뒤집기도 한다. 도출한 대답에 안주하는 것을 싫어하는 케이스 메소드의 특징이 잘 나타난다. 그래서 참이라고 믿었던 것이 사실은 아니었다는 강렬한 체험을 한다.

케이스 메소드의 목적은 케이스를 많이 아는 것이 아니다. 많은 케이스를 알면 분명히 많은 답을 알게 된다. 그러나 그 목적은 효율적으로(나쁘게 말하면 단락적으로) 답을 내는 것이 아니라 복잡한 현상을 단순화하지 않고 복잡하고 다원적으로 받아들이는 것을 배우는 일이다.

그런 능력이 생기면 문제가 선명하게 보인다. 텔레비전 영상이 아날로그에서 디지털로, 그리고 4K, 8K로 선명하게 바뀐 것처럼 문제에 대한 해상도가 올라간다. 케이스 메소드는 케이스 토론을 통해 그런 인지 구조의 업그레이드를 노리는 것이다. 실제 사례를 이용하면 현실을 보는 관점이 바뀌는 효과가 한층 높아진다.

이는 이론은 현실 세계에 유용하지 않으면 무의미하다는 프래그머티즘pragmatism(실용주의)에 기초한 태도다.

찰스 퍼스Charles Sanders Peirce에 의해 제창된 프래그머티즘은 두 가지 점에서 혁명적이었다. 하나는 근대 이후 하나의 절대적 진리가 존재한다는 신념에 대해 그런 것은 존재하지 않으며 탐구를 통해 오류를 계속 수정해야 한다고 파악한 점, 또 진리는 유용한 도구로 사용되어야 하며 유용하지 않으면 진리가 아니라는 점이다.

프래그머티즘은 미국 철학사의 원류 중 하나가 되어 실용적인 이론을 항상 갱신하려는 비즈니스 스쿨의 기본 자세와도 이어져 있다. 케이스 메소드는 이론을 현실에 적용할 뿐 아니라 현실에 따라 이론을 재조합하여 양방향으로 작용하고 있다.

기업의 프로젝트 기반 학습도, 케이스 메소드도 효율적으로 답을 내는 기술을 터득하는 것이 목적은 아니다. 목표는 복잡한 현실에 직면했을 때 쉽고 간단한 대답으로 회피하지 않고 끝없는 물음에 마주하는 담력을 기르고자 함이며, 스스로 기존의 인지를 비판적으로 재조합하려는 자세를 습득하는 것이다.

케이스 메소드는 그런 현실과 접하는 법을 배울 절호의 기회이며, 그런 의미에서 실천적이라고 할 수 있다.

케이스 메소드를
보완하는 필드 메소드

비즈니스 모델 강의 후반에는 필드 메소드를 도입한다. 수업을 실시하는 타이밍에 실시간으로 존재하는 사례를 놓고 워크숍 형식으로 심도 있는 토의를 한다. 케이스 메소드를 주제로 한 이 책에서 그 부분은 이색적일 것이다. 이런 점도 미리 언급해 두고 싶다.

HBS가 100주년을 맞이하며 도입한 필드 메소드는 리먼 사태를 경험하면서 그때까지 Knowing(지식) 편중이었음을 반성하고 Doing(실천)의 비중을 늘려, 나아가 Being(가치관, 태도, 신념)의 인식을 심화시키기 위한 것이다.

HBS의 필드는 3개의 모듈로 구성된다. 첫 번째 모듈은 디자인 사고 등을 기초로 한 워크숍 형식으로 진행되며, 실제 현장에 나가기 위한 지식과 자세를 익힌다. 그리고 두 번째 모듈에서는 실제로 신흥국의 기업을 방문해 컨설팅을 한다. 최종 모듈에서는 즉석에서 만들어진 팀이 5,000달러의 자금을 가지고 3개월이라는 단기간에 비즈니스를 시작한다. 이 마지막 모듈의 사업에서 대부분의 팀이 실패를 경험하고, 학교 측도 이를 권장한다. 지독하게 공부하며 얻은 지식을 활용하지 못하는 좌절 속에서 배움을 얻는 것이다. 이때 요구되는 것은 Doing을 통한 Being의 자세다.

이렇게 보면 본질적으로 케이스 메소드든 필드 메소드든 교육의 목표는 변하지 않음을 깨달을 것이다. 곤란한 현실에 직면했을 때 스스로 바람직한 자세를 되묻는 담력, 앞 장에서 다케우치 교수의 말을 빌리자면 'Tough Mindedness'를 기르는 것이다.

한편, 학습의 접근 방식도 명백한 차이가 있다. 우선 판단의 근거로 삼는 정보는 몇 번이나 퇴고를 거듭하며 다듬어진 비즈니스 케이스처럼 구조화되어 있지 않다. 현실 상황에서 능동적으로 읽어 내야 한다. 게다가 그것은 신체적인 감각에 의거한, 이른바 암묵적 지식의 차원을 포함한 것이다.

마이클 폴라니^{Michael Polanyi}는 명시적으로 설명할 수 없지만 어쩐지 그것을 알게 되는 사고의 작용을 '암묵적 지식'이라고 이름 붙였다. 우리는 의식하지 않아도 자전거를 탈 수 있지만, 실제로 복잡한 균형 조절이 이루어진다. 몇십 년 만에 만난 친구의 얼굴을 인식할 때도 인지 과정은 상당히 복잡할 것이다. 하지만 어찌 된 영문인지 암묵적으로 알아차린다. 폴라니는 사람이 새로운 지식을 얻을 때 명시적이 아닌 암묵적으로 그 지식을 얻는다고 생각했다. 교실 안에서 언어로 명시된 대화가 아니라 현실이라는 복잡한 세계에 내재한 암묵적 지식은 창조성의 원천이다. 필드 메소드는 그야말로 복잡한 세계에 내재화할 기회를 제공하는 것이다.[1]

또한 디자인 사고를 바탕으로 하는 창발적인 과제 발견과 해결 과정도 필드 메소드만이 가능한 특징이다. 미리 준비한 논리에 사로잡혀 있으면 새로운 발견을 알아차릴 수 없다. 믿음이나 생각의 프레임을 내려놓고, 새로운 관점을 손에 넣기 위해 HBS에서도 일부러 신흥국에서 필드를 실시한다. 이론을 운용하는 주체로서 이론을 맹신하지 않고 현실에 즉각 대처하는 자세를 묻는 것이다.

이 두 가지에 대해서 케이스 메소드에 그 요소가 전혀 포함되어 있지 않은 것은 아니지만, 필드 메소드가 좀 더 비중을 두고 있는 것은 틀림없다.

본 강의에는 이런 필드 메소드가 도입되어 있다. 반드시 본인이 참여한다는 주체적인 가정하에 읽어나가길 바란다.

비즈니스 모델을 케이스 메소드로 배우는 이유

본 강의에서는 이런 케이스 메소드나 필드 메소드를 통해 비즈니스 모델을 배운다. 이론 편(제3장)에서 자세히 소개하겠지만, 비즈니스 모델은 사업을 성립시키는 여러 가지 요소를 통합해 하나의 구조로 보는 것이다. 그래서 비즈니스를 다방면으로 검토해야 한다.

케이스 토론의 참가자는 대개 실무를 거치며 영업, 마케팅, 인적자원 관리, 공급망 관리, 재정 등의 전문 분야가 있다. 각각의 전문 분야에서 다면적으로 비즈니스를 검토하고 통합하는 것이 비즈니스 모델이다. 다양한 직종의 참가자가 논의하는 케이스 토론은 비즈니스 모델을 파악하는 데 둘도 없이 좋은 기회다. 실제 수업 편(제4장)에서는 참가자의 전문 영역이 교차하면서 비즈니스 모델이라는 하나의 포커스로 논의가 좁혀지는 모습을 느낄 수 있었으면 한다.

이 책의 제4장에는 나흘간 이루어지는 'Business Model Design' 강좌의 3일 분량의 토론을 수록했다. 제3장 이론 편에서 소개하는 비즈니스 모델 캔버스를 기본 운영 체제로 하면서 실황 중계 편에서는 다양한 애플리케이션을 전개하고 있다. 우선 대략적인 강의의 구성을 살펴보자.

제1, 2강

경영 전략에 따른 비즈니스 모델 구축

첫날 1, 2강에서는 비즈니스 모델의 분석에 중점을 두고 케이스에 돌입한다. 기존 사업이 어떤 비즈니스 모델을 채택했고, 그 결과 어떤 경쟁 우위를 얻었는지 배운다.

1강에서는 편의점 업계를 다룬다. 1970년대에 탄생한 이후, 정밀하게 다듬어진 비즈니스 모델을 전체적으로 파악한다. 얼핏 보기에 비슷한 소매점이라도 그 배후에 있는 비즈니스 모델이 다르다는 것을 알 수 있다. 고객이 얻는 가치가 같아도 가치를 제공하는 방식에 따라 사업 구조는 크게 달라진다. 게다가 같은 편의점이라도 세븐일레븐7-Eleven과 로손Lawson

은 마케팅, 공급망, 그 배경에 있는 경영 전략 등 다양한 요소에서 차이가 난다. 그런 차이를 제각각 파악하는 것이 아니라 하나의 구조로 보면 비즈니스 모델의 일관성을 알 수 있다. 그 결과 두 회사의 경영 전략이 그대로 비즈니스 모델에 반영된다는 것이 이해될 것이다. 이 일관성, 정합성이야말로 경쟁 우위를 유지하기 위해 빼놓을 수 없는 요소다.

2강에서는 전기기기 회사 키엔스Keyence를 예로 들어 고수익을 올리는 기업 비즈니스 모델의 특이성을 분석한다. 경영의 성공은 매출액, 이익률, ROI(투자수익률) 등 여러 지표로 평가되지만, 그런 지표는 당연히 비즈니스 모델에 크게 의존하고 있다. 50% 이상의 영업 이익률을 내는 키엔스의 비즈니스 모델 분석을 통해 경영 지표와 비즈니스 모델의 관계성을 이해한다.

이때 크리티컬 코어Critical core라는, 언뜻 보기에는 비합리적이지만 전체적으로는 합리적인 비즈니스 모델 요소도 다룬다. 이 크리티컬 코어를 포함시켜 타사가 흉내 낼 수 없는 독특한 비즈니스 모델이 실현되어 지속적인 경쟁 우위가 가능해지는 것이다.

크리티컬 코어는 얼핏 비합리적으로 보이기 때문에 비즈니스 스쿨에 오는 성실하고 똑똑한 사람에게는 잘 보이지 않는

다. 합리적으로 생각하면 즉시 기각될 만한 판단이기 때문이
다. 하지만 그렇기에 다른 회사가 따라 하기 어렵다. 정답을
고르면 고를수록 경쟁에 휘말리고, 결과적으로 그 선택은 오
답이 된다는 것은 비즈니스의 재미있는 부분이다.

제3, 4강

플랫폼 비즈니스 모델과 생태계

둘째 날의 3, 4강에서는 플랫폼형 비즈니스 모델에 대해 논
의한다. 다면 플랫폼Multi-sided platform이라고도 하는 이 비즈
니스 모델은 입장이 다른 다수의 고객을 한 플랫폼에서 만나
게 해 가치를 창출한다.

3강에서는 기업을 직원과 리소스를 결합시켜 가치를 창출하
는 플랫폼으로 다시 파악한다. 즉, 직원을 고객으로 생각하
고, 직원과 고객을 만나게 하는 기업의 내부 생태계가 어떠
해야 하는지 논의한다.

직원의 능력을 끌어내면서 가치를 창조하는 능력은 비즈니
스 리더에게 꼭 필요하다. AI나 RPARobotic Process Automation(로
보틱 처리 자동화) 등 컴퓨터에 의한 자동화 시스템이 보급되어
도 궁극적인 가치 창조의 원천은 역시 인재에 있다. MBA를

취득해 비즈니스 리더로서 활약이 기대되는 수강자들이 이렇게 직원이 활약하는 자리를 설계해 주었으면 하는 마음에 도입하고 있는 케이스다.

4강에서는 외부 생태계에 관해 논의한다. 여기서 다루는 애플Apple의 사례에서는 자사에 없는 역량을 외부에서 조달하기 위해 플랫폼을 구축하고, 고객에게 가치를 제공하는 방식을 볼 수 있다.

비즈니스 모델은 원래 공급망 등 기업 내부만이 아닌 외부와의 제휴도 포함된다. 그렇게 외부 파트너를 고객으로 파악하여 많은 비즈니스 모델을 다면 플랫폼으로 간주할 수 있다. 입장이 다른 다수의 고객을 연결시켜 어떻게 가치를 창출해 나갈지, 외부 생태계에서 자사의 위치 등을 논의하게 된다.

이런 플랫폼에서는 기존의 경쟁사와도 협력 관계를 맺을 필요가 생긴다. 예를 들어 애플의 iOS에는 경쟁 관계인 구글Google과 아마존Amazon의 앱도 설치할 수 있다. 경쟁 관계보다 유저의 편리성을 우선하지 않으면 긴 안목으로 봤을 때 플랫폼의 가치가 없어지기 때문이다.

외부 생태계를 논의하기 위해서는 한 기업의 경영 전략에 그치지 않고, 업계 전체적으로 고객에게 가치를 어떻게 제공할 것인지 보는 관점이 필요하다. 이 또한 케이스 메소드의 다면적인 논의가 효과적일 것이다.

제5, 6강

시나리오 플래닝과 백캐스팅

5, 6강은 필드 메소드를 기초로 한 워크숍이다. 현재의 비즈니스 모델에 대한 논의가 아니라 미래를 향해 어떻게 비즈니스를 전개할 것인지, 리더에게 필수인 미래 구상력이 요구되는 케이스다.

5강에서는 시나리오 플래닝Scenario planning을 통해 모빌리티Mobility(사람들의 이동을 편리하게 하는 서비스나 이동 수단을 폭넓게 말한다-역주) 서비스의 미래를 구상한다. 수업을 실시하는 단계에서 리얼타임으로 진행하는 이노베이션으로, 알 수 없는 미래에 어떻게 대비해야 할지 검토한다. 중요한 것은 예상 범위 내의 미래가 아니라 예상치 못한 미래가 발생할 수 있음을 가정하는 것이다. 이 워크숍은 미래에 대한 사고방식을 가다듬는 기회가 될 것이다.

이어지는 6강에서는 1강에서도 다룬 편의점 업계에 관해서 백캐스팅Backcasting 방법으로 구상을 다듬는다. 참가자가 공동 가치를 창조해서 미래의 이미지를 구체화하는 방법에 즉흥적으로 아이디어를 창출하는 접근 방식을 조합한다. 평소 논리적으로 답을 도출하는 데 익숙한 비즈니스 스쿨의 학생이 그것과는 다른 사고 방법을 경험한다. 즉흥성이란 자신이 미리 준비했던 것을 일단 내려놓고, 있는 그대로의 현실을 받아들이는 것에서부터 시작된다. 필드 메소드에서 자신의 생각을 내려놓는 경험을 하게 하는 것이다.

마지막에는 그렇게 만들어 낸 사업 아이디어를 어떻게 키울지에 대해 시스템 사고 등을 도입하면서 논의한다.

미주

1.   아직 알려지지 않은 것은 인식할 수 없다. 그런데도 새로운 발견을 감지할 수 있는 것은 문제의 배후에 있는 숨은 실재(리얼리티)를 암묵적으로 감지하기 때문이라고 한다. 그때 중요한 것은 문제에 내재화(dwell in)하는 것이라고 폴라니는 말한다. 즉, 문제 자체가 될 정도로 푹 빠질 필요가 있다(마이클 폴라니. 《암묵적 영역Tacit knowledge》).

3

이론 편_
비즈니스 모델의
A to Z

비즈니스 모델
캔버스란

이 강의에서 사용하는 도구는 단 하나, 비즈니스 모델 캔버스BMC, Business Model Canvas뿐이다. 개개인의 상황에 맞춰 개별 애플리케이션을 사용하는 것이 아니라 가능한 한 범용성이 높은, 이른바 운영 체제OS를 갱신하는 것을 목적으로 하고 있다. 그 OS로 BMC를 설치한다.

BMC는 알렉산더 오스터왈더Alexander Osterwalder, 이브 피뉴르Yves Pigneur에 의해 개발되어 오늘날 비즈니스 모델을 기술하는 표준 도구로 널리 인지되며 활용되고 있다. 9개의 요소가 배치된 단순한 그림으로 상점가의 점포부터 IT기업까지 모든 사업의 비즈니스 모델을 기재할 수 있다.

KP 핵심 파트너	KA 핵심 활동	VP 가치 제안	CR 고객 관계	CS 고객군
	KR 핵심 자원		CH 채널	
C$ 비용 구조			R$ 수익 흐름	

www.businessmodelgeneration.com

[도표1] 비즈니스 모델 캔버스

비즈니스 모델의 정의

BMC를 소개하기 전에 우선 비즈니스 모델 자체를 정리해 두자. 비즈니스 모델의 정의에는 여러 설이 있으며, 하나로 정해진 것은 아니다. 큰 흐름으로 2000년 전후에 비즈니스 모델 특허(예: 프라이스라인닷컴의 리버스 옥션 특허나 아마존의 원클릭 특허 등)가 큰 주목을 받았다. 새로운 비즈니스 구조를 특허로 확보해 경쟁 우위를 구축하기 위한 특권이었다. 그러나 비즈니스 모델 특허로 논의된 것은 비즈니스의 방법(비즈니스 메소드)이며,[1] 현재 논의되는 비즈니스 모델에서는 그 구성 요소에 지나지 않았다.

아직 충분히 수익화되어 있지 않은 IT기업이 주식 시장에서 높은 시가총액이 매겨졌음에도 실패하는 일이 계속되자 수익 구조의 비즈니스 모델을 거론하게 되었다. "저 기업에는 비즈니스 모델이 없다"라고 했을 때는 주로 수익을 올리는 구조가 없음을 지적하는 것이었다.

현재 논의되고 있는 비즈니스 모델은 특허나 수익 구조에 머무르지 않고, 가치 창조의 구조를 묻는 것이다. 예를 들면 '의류 SPA(제조 소매업) 비즈니스 모델'이나 '편의점의 24시간 운영 비즈니스 모델'이라는 식으로 사용하게 되었다.

그 대상도 영리 기업뿐 아니라 병원, 교육기관 등의 비영리 단체, 그리고 도시의 비즈니스 모델[2]이나 국가의 비즈니스 모델[3]처럼 수익을 목적으로 하지 않는 조직이나 도시, 국가로 확장되고 있다. 이런 배경에서도 비즈니스 모델을 단순한 수익 모델로 정의하는 것이 아니라, 어떤 가치를 어떻게 창출하는지를 포함한 다양한 요소의 구조로 봐야 한다.

이야기로 보는 비즈니스 모델

비즈니스 모델이라는 개념으로 사업을 파악하는 것은 MBA 에서 배우는 리더십과 크게 관련이 있다. 그것을 이해하기 위해서라도 하버드 비즈니스 스쿨 경쟁전략연구소의 조앤 마그레타Joan Magretta가 2002년에 발표한 <비즈니스 모델의 정의>4를 소개하고 싶다.

마그레타는 비즈니스 모델을 '고객은 누구이고, 고객 가치는 무엇인가?(가치 제안)'와 '어떻게 이 사업으로 돈을 벌고, 어떤 논리에 따라 적절한 비용으로 고객에게 제공할 것인가?(수익 모델)'라는 두 가지 물음에 답하는 '이야기'라고 정의했다. 그래서 비즈니스 모델은 두 개의 테스트에 합격해야 한다. 하나는 스토리 테스트(앞뒤가 맞는가)이고 다른 하나는 넘버 테스트(수지가 맞는가)이다. 이 테스트에 합격하기 위해 사업의 구성 요소가 전체적으로 어떻게 기능하는지를 시뮬레이션한다. 그것이 비즈니스 모델 사고라고 생각했다.

이런 마그레타의 정의는 2002년 당시 비즈니스 모델 특허만 취득하면 사업이 성공한다고 믿던 IT 버블의 과열 속에서 지극히 정석이었다.

덧붙여 마그레타의 정의에서 주목해야 할 것은 그가 비즈니스 모델을 '이야기'라고 지칭한 점이다. '스토리 테스트'라고 이름 붙인 것처럼 비즈니스 모델의 다양한 요소가 전체 이야기를 뒷받침할 수 있도록 일관성 있는 이야기가 되어야 한다고 그는 생각했다.

복잡하고 전체상을 파악하기 어려운 사업을 누구나 이해할 수 있도록 이야기로 제시하고, 다양한 멤버를 사업에 끌어들인다. 이런 비즈니스 모델의 힘은 경영 기획과 사업 담당자뿐 아니라 비즈니스 리더에게 꼭 필요한 자질이기도 하다.

본 강의에서는 '많은 사람들이 공유할 수 있는 이야기'라는 관점에서도 비즈니스 모델을 다룰 것이다.

비즈니스 모델
캔버스의 사용법

BMC는 이런 비즈니스 모델 사고를 위한 도구다. 여기에서는 편의점의 BMC로 사용법을 설명하고자 한다.[5] 이미 BMC에 익숙한 사람은 이 부분을 건너뛰어도 무방하다.

특별히 정해진 기입 순서는 없지만, '고객군'부터 기입하기를 추천한다. 일반적으로 고객을 하나의 세그먼트로 인식하려면 나이, 성별, 거주지, 직업 등 고객의 속성에 따라 분류한다. '활동적인 50대 이상의 남성'이라는 식으로 나이, 성별, 라이프 스타일로 기술해도 되지만 클레이턴 크리스텐슨 Clayton M. Christensen의 잡 이론Jobs To Be Done을 근거로 하자면, 고객이 안고 있는 '해야 할 일Jobs To Be Done'을 기입하는 편이 더 명확하게 이해할 수 있다. 나이나 성별 등으로 분류하는 것이 아니라 특정한 상황을 함께 기술하는 것이다.

크리스텐슨은 밀크셰이크 개선 프로젝트를 예로 들어 설명한다. 밀크셰이크 맛을 개선했지만 전혀 매출이 늘지 않았던 패스트푸드 레스토랑에서 문제 해결을 위해 상담을 하러 왔다. 그래서 밀크셰이크를 구매한 고객을 인터뷰했더니 자동차 출퇴근의 무료함을 달래기 위해 구매한 것으로 드러났다. 밀크셰이크를 구매하는 고객의 속성이 중요한 것이 아니라, 오랜 시간 자동차로 출퇴근하는 지루한 상황이 밀크셰이크를 구매한 동기였다. 다시 말해 고객은 지루함을 해결해야 하는 일을 안고 있던 것이다.[6]

다음으로 '가치 제안'에는 자사의 상품, 서비스를 통해서 고객군에 제공하는 가치를 기입한다. 주의해야 할 점은 상품, 서비스 자체가 아니라 가치를 기입하는 것이다. 자동차 제조회사의 비즈니스 모델을 쓸 때, 이곳에 '자동차'라고 쓰는 것은 매우 부족하다.

가치 제안은 영어로 Value Propositions이며, Pro(=미리) Position(=위치를 잡는다)이다. 여러 가지 선택지 중에 미리 다른 선택지와 다른 위치를 잡는(=제안을 한다) 것이다. 그 Position이라는 말 속에 타사의 상품, 서비스에 대한 차이와 우위성이라는 의미가 포함되어 있다.

크리스텐슨의 밀크셰이크 일화에서는 밀크셰이크 이외의 선택지로(다른 패스트푸드의 밀크셰이크가 아니라) 도넛, 커피, 바나나 등이 있으며 이에 대한 밀크셰이크의 우위성이 논의되었다.

도넛처럼 손이 더러워지지 않고, 커피나 바나나처럼 금방 먹게 되지 않는 밀크셰이크는 특별한 가치를 제안했다.

우리는 이런 가치 제안을 명확히 하기 위해 "고객은 왜 그 상품, 서비스를 선택하는가?"라는 간단한 질문을 하도록 한다. 같은 자동차라도 도요타^{Toyota}의 차를 사는 사람과 혼다^{Honda}의 차를 사는 사람은 선택의 이유가 다르다. 만약 테슬라^{Tesla}나 로터스^{Lotus}를 구매한다면 그 이유는 또 달라질 것이다.

오피스가의 편의점을 예로 들면 '바빠서 쇼핑이나 식사에 시간을 내기 어려운 사회인'이 선택의 근거가 된다. 그런 상황에서 '해야 할 일'을 편의점이 해결한다고 생각할 수 있다.

이렇게 같은 카테고리의 상품이라도 해결하려는 일이 다르고, 고객이 그 상품, 서비스를 선택하는 이유도 다르다.[7] 편의점이라면 다른 선택지인 슈퍼마켓, 약국, 레스토랑보다 '언제나(24시간 운영)' '어디에서나(가까이 있다)'라는 특징이 있어 '바로 살 수 있다'라는 가치 제안으로 선택되고 있다(반대로 말하면 상품 구비나 가격으로는 슈퍼마켓에 당할 수 없고, 맛으로는 레스토랑을 이길 수 없다. 가격이나 맛과는 다른 이유로 선택되고 있는 것이다).

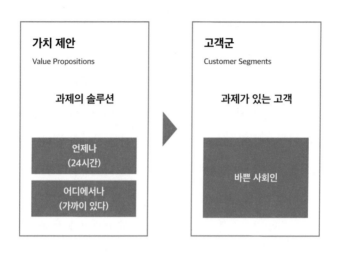

가치 제안
Value Propositions

과제의 솔루션

언제나
(24시간)

어디에서나
(가까이 있다)

고객군
Customer Segments

과제가 있는 고객

바쁜 사회인

[도표2] 고객군과 가치 제안 (편의점의 예)

그리고 고객군과 가치 제안을 연결하는 것이 '채널'과 '고객 관계'다.

채널은 고객이 상품과 서비스를 인지하고 구입, 배송, 나아가 애프터서비스를 하기 위해 사용되는 경로다.

고객 관계는 관계의 기간과 깊이를 중심으로 기입한다. 한 번 판매하는 것은 짧은 관계이지만, 서브스크립션(구독) 서비스라면 장기적인 관계가 된다. 또한 셀프 서비스는 얕은 관계이지만 컨설팅과 상담을 하면서 판매한다면 깊은 관계가 된다.

편의점의 채널은 물론 점포다. 인근에 집중해서 출점하는, 이른바 도미넌트Dominant 출점이라는 특징이 있다. 고객과의 접점을 늘리는 것이다. 또한 고객 관계는 기본적으로 셀프 서비스의 얕은 관계이지만, 포인트 회원의 확보가 진행되고 있다.

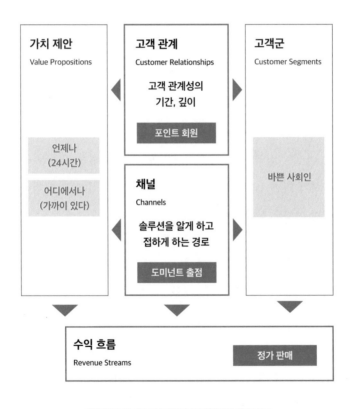

[도표3] 고객 관계, 채널, 수익 흐름

이런 구조에서 '수익 흐름'이 보인다. 슈퍼마켓 등이 저가 판매나 타임 세일로 매출을 늘리고 있는 반면에 편의점은 원칙적으로 정가 판매이거나 한정적으로 할인을 한다. 편의점에서는 발생하지 않지만, 애프터서비스나 유지보수라는 2차 수익을 얻는 비즈니스 모델도 있다. 이처럼 수익의 종류나 발생 타이밍, 가격이(다른 선택지에 비해) 고가인지 저가인지 등을 기술한다.

여기까지가 비즈니스 모델의 정식 무대이며, 고객의 눈에도 보이는 부분이다. 그런데 가치 제안의 왼쪽 절반은 무대 뒤편이라서 고객에게 보이지 않는다. 오른쪽 절반의 정식 무대는 마케팅 영역인 반면, 왼쪽 절반인 무대 뒤편은 가치를 창출하기 위한 엔지니어링 영역이다.(도표5 참고) 이제 그 엔지니어링 영역을 살펴보자.

편의점의 가치 제안인 '언제나' '어디에서나'는 슈퍼마켓에서 실현될 수 없다. 슈퍼마켓을 24시간 운영하는 것은 비용이 지나치게 많이 들고, 수백 미터 간격으로 도미넌트 출점도 할 수 없다. 편의점이 그것을 실현한 데는 이유가 있다.
우선 24시간 운영하기 위해 '소수 운영'이라는 핵심 활동을 실현했다. 또한 도미넌트 출점을 위해 '좁은 대지면적'에 전개해야 하는 자원상의 제약이 생겼다. 재고 공간을 가질 여유가 없기 때문에 팔리면 곧바로 채우는 '다빈도 배송'이라는 핵심 활동이 필요하다. 게다가 그것을 지원하는 '고도의 공동 배송 시스템'이라고 하는 자원이 따라온다. 여기에는 발주 지원 시스템에 의한 생력화Laborsaving도 포함되어 있어 소수 운영을 뒷받침하고 있다. 본사는 이런 조달 프로세스를 지원하는 중요한 파트너이다.

소형 점포를 전개하는 세이조 이시이成城石井도 1997년에 역내 슈퍼마켓을 출점하면서 비즈니스 모델을 크게 전환했다. 독자 배송망을 정비해 다빈도 배송을 실현한 것이다. 지금도 슈퍼마켓이라고 자칭하고 있지만, 실상은 편의점 비즈니스 모델이다.

이 밖에도 독자적인 상품개발 시스템과 파트너십 등이 편의점의 비즈니스 모델을 특징짓는 요소일 것이다. 어쨌든 가치 제안을 만들어 내는 비즈니스 시스템의 비즈니스 모델은 다음과 같다.

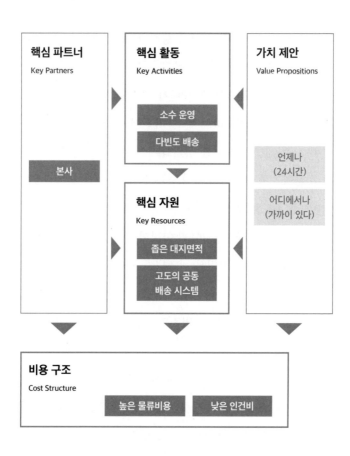

[도표4] **핵심 활동, 핵심 자원, 비용 구조**

이런 비즈니스 모델을 운영하려면 당연히 비용이 든다. '비용 구조'의 항목에는 위의 핵심 활동이나 핵심 자원, 핵심 파트너와 관련된 비용을 기입한다. 손익 계산서처럼 모든 항목을 써 낼 필요는 없고, 어디까지나 이 비즈니스 모델에 특징적인 것을 거론하면 좋을 것이다. 여기에는 다빈도 배송에 따른 높은 물류비용과 24시간 운영의 전제가 되는 낮은 인건비를 꼽아 보겠다.

이렇게 해서 편의점의 BMC가 완성되었다. 종종 수십 개의 요소로 꽉 채우는 사람도 있는데, 그러면 비즈니스 모델의 '이야기'가 잘 보이지 않는다. 비즈니스 모델을 파악하기 위한 최소한의 요소로 줄여서 비즈니스 모델의 골격을 잡을 수 있도록 해야 한다.

핵심 파트너 Key Partners	핵심 활동 Key Activities	가치 제안 Value Propositions	고객 관계 Customer Relationships	고객군 Customer Segments
본사	소수 운영 다빈도 배송	언제나 (24시간) 어디에서나 (가까이 있다)	포인트 회원	바쁜 사회인
	핵심 자원 Key Resources		채널 Channels	
	좁은 대지면적 고도의 공동 배송 시스템		도미넌트 출점	

비용 구조 Cost Structure		수익 흐름 Revenue Streams	
높은 물류비용 낮은 인건비			정가 판매

[도표5] 편의점의 비즈니스 모델 캔버스

BMC의 원류,
비즈니스 모델 온톨로지

BMC의 사용법을 어느 정도 알았다면 BMC의 원류인 비즈니스 모델 온톨로지Business Model Ontology를 소개하고자 한다. 이것은 오스터왈더의 박사 논문에 나온 것으로, BMC의 견본이 된 것이다.

온톨로지란 철학 용어로 '존재론'이라고 번역되지만, 여기서는 대상을 개념화, 체계화한 것을 의미한다. 비즈니스 모델 온톨로지란 대상이 되는 비즈니스 모델을 구성하는 개념과 그 개념 사이의 관계성을 나타내고 체계화한 것이다. 실제로 오스터왈더가 그린 비즈니스 모델 온톨로지는 다음과 같다.

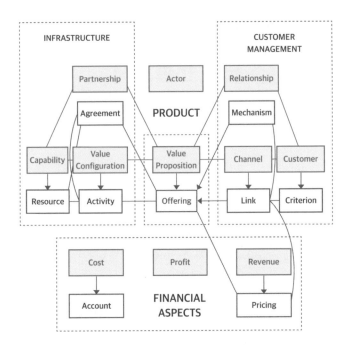

[도표6]   비즈니스 모델 온톨로지[8]

BMC에 비해 요소가 많고 구성이 복잡하다는 점이 눈에 띄는데, 요소의 수보다 화살표와 직선으로 요소 사이의 관계가 정의되어 있음에 주목해 보자. 이로 인해 하나의 요소가 다른 요소와 관련되어 비즈니스 전체를 형성하고 있다는 것을 알 수 있다. 개별 구성 요소가 어떻게 전체 비즈니스와 관련되는지 보인다.

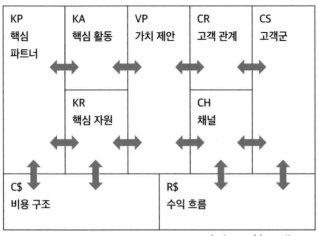

[도표7]　비즈니스 모델 캔버스에서 각 요소의 상호 관계

이를 바탕으로 개발된 BMC도 비즈니스 모델 온톨로지와 마
찬가지로 요소 사이의 관계가 강하게 의식되고 있다. 각각의
상자를 잇는 화살표나 선은 없어졌지만, 이웃하는 요소는 서
로 관련되어 있다. 상자의 위치가 어긋나면 BMC의 온톨로
지는 무너질 것이다.

이를 이해하기 위해 시험 삼아 9개의 구성 요소를 항목별로
써 보면 알 수 있다. 이제까지 한 덩어리로 보이던 비즈니스
모델이 흩어져서 각 요소의 연결이 보이지 않을 것이다.

고객군	
고객 관계	
채널	
가치 제안	
핵심 활동	
핵심 자원	
핵심 파트너	
수익 흐름	
비용 구조	

[도표8] 항목별로 기입한 9개의 요소

필자는 오스터왈더가 실시한 워크숍에 참가한 적이 있는데, 그가 스토리의 중요성을 재차 강조하던 것이 인상적이었다. 가령 BMC로 그린 사업 아이디어를 다른 사람에게 설명할 때 요소가 기입된 BMC를 갑자기 보여선 안 된다고 한다. 반드시 빈칸인 BMC를 한 장 더 준비해서 요소가 적힌 포스트 잇을 한 장 한 장 새로 붙여 가며 설명하라고 지시했다.

오스터왈더는 9개의 구성 요소를 한꺼번에 보여 주는 방식을 사람의 이해력의 한계를 뛰어넘는 '인지의 살인 행위

cognitive murder'라며 엄격하게 금하고 있다.[9] 앞에서 항목별로 적은 것도 요소 사이의 연결을 끊은 '인지의 살인 행위'일 것이다. 또 너무 많은 요소를 기입하는 것도 인지에 큰 방해가 된다. BMC는 이런 의미에서 비즈니스 모델을 인식하기 위한 인지 구조라고도 할 수 있다.

약간 여담이지만, BMC의 파생 모델에 '린 캔버스Lean Canvas'라는 것이 있다.[10] 효율적인 신규 사업을 검증하는 가동 프로세스인 '린 스타트업Lean Startup'을 위해 비즈니스 모델 가설을 만드는 도구이며, BMC를 기반으로 만들어졌다.[11] 형태 자체는 BMC와 동일하며 몇몇 요소는 공통이다.

그러나 개인적으로는 린 캔버스의 경우 온톨로지가 무너졌기 때문에 BMC와 같은 범용성을 잃었다고 생각한다. 예를 들어 '문제' 칸은 고객의 문제를 적는데, 왜 고객군과 떨어진 위치에 있을까? '경쟁 우위'는 가치 제안과 고객군을 잇는 개념일까? 이런 궁금증이 생긴다.
물론 린 스타트업이라는 한정된 용도 안에서는 온톨로지가 다소 무너졌다고 해도 도구로 사용하기 편리함을 우선하는 것은 합리적이다. 다만 이 책에서는 온톨로지가 성립하는, 더 범용성 높은 BMC를 사용하기로 한다.

문제	해결 방안	고유의 가치 제안	경쟁 우위	고객군
상위 3개의 문제	상위 3개의 기능	자신의 차별화 요인과 주목할 만한 가치를 설명한 단일적이고 명확하며 설득력 있는 메시지	간단히 카피하거나 구입할 수 없는 것	타깃으로 하는 고객
	핵심 지표 계측하는 핵심 활동		**채널** 고객에게 가는 경로	

비용 구조	수익 흐름
· 고객 획득 비용 · 유통비용 · 호스팅 비용 · 인건비 등	· 수익 모델 · 고객 생애 가치 · 수익 · 매출 총이익

제품   시장

[도표9] **린 캔버스**

경영 전략과 비즈니스 프로세스를 잇는 공통 언어

이쯤에서 오해받기 쉬운 비즈니스 모델과 경영 전략의 관계를 정리해 두자. 비즈니스 모델은 경영 전략 자체는 아니지만, 밀접한 관계가 있다.

비즈니스 모델과 경영 전략의 차이를 의식하고 있던 오스터왈더는 비즈니스 모델을 경영 전략과 사업 프로세스 사이에 있는 설계 레벨Architectural Level이라고 규정했다. 비즈니스 모델을 전략이라는 추상적인 레벨에서 실제 프로세스라는 구체적인 레벨로 가는 중간 다리라고 생각한 것이다.

오스터왈더의 그림(도표 10)은 이렇게도 이해할 수 있다. 만약 비즈니스 모델이 빠진다면 아무리 숭고한 경영 전략도 실행에 옮길 수 없다는 것이다.

이것이 MBA 학생들이, 그리고 세상의 비즈니스 리더들이 비즈니스 모델을 배워야 할 중요한 이유다. 추상적인 경영 전략 사고와 구체적인 현장의 운영을 접목하기 위해서라도

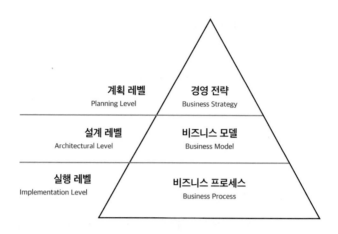

계획 레벨
Planning Level

경영 전략
Business Strategy

설계 레벨
Architectural Level

비즈니스 모델
Business Model

실행 레벨
Implementation Level

비즈니스 프로세스
Business Process

[도표10] **전략에서 프로세스로**[12]

비즈니스 모델 사고는 필수적이다. 달리 말하자면 BMC는 경영과 현장을 연결하는 공통 언어다. 경영 기획, 연구 개발, 영업 현장이라는 다양한 회사 내부의 입장에서도, 또 고객이나 파트너 기업의 입장에서도 같은 언어 체계로 사업을 말할 수 있는 것이다.

필자가 관여하는 곳에서도 신규 사업 제안을 할 때 경영진과 같은 관점에서 아이디어를 이야기하기 위한 필수 도구로 자리 잡고 있다. BMC는 경영진과 신규 사업을 제안하는 직원 사이의 공통 언어가 된다.

또한 지역 비즈니스의 지속 가능한 방식을 모색하는 데도 BMC가 사용되고 있다. 필자도 낙후된 지역을 살리는 활동에서 단시간에 지역 자원을 살린 사업의 요점을 전달하기 위해 활용하고 있다. 그곳에서는 다양한 배경을 지닌 지역 살리기 협력 단체의 구성원들이 지역에서 사업을 시작하기 위한 공통 언어로 BMC를 활용하고 있다.

이 수업도 마찬가지다. 교실에 모인 다양한 업종, 직종, 전문 영역을 가진 멤버들이 비즈니스 모델이라는 공통 언어로 대화를 주고받는다. 복잡한 경영 전략의 프레임워크가 아니라 평이한 언어로 정의된 요소를 사용해서 대화할 수 있다.

다양한 영역에서 여러 입장의 사람들이 이야기하는 비즈니스 모델. BMC는 그 공통 언어로 효과를 발휘한다.

이제 그 공통 언어를 이용해서 케이스 토론에 들어가 보자.

미주

1. 미국에서는 Business method patent라 불리던 것이 일본에서는 비즈니스 모델 특허라 불리게 되었다. 이것이 비즈니스 모델에 대한 오해를 가져왔다.

2. 예를 들어, 오사카시와 오사카부를 폐지하고 오사카도를 신설하자는 '오사카도 구상'을 이론적으로 지지하는 《오사카 유신》을 저술한 우에야마 신이치는 오사카의 비즈니스 모델을 재구축할 필요가 있다는 의견을 전개하고 있다.

3. 전자 국가라 불리는 에스토니아의 비즈니스 모델이 고품질 저가격으로 생산, 수출해서 성장해온 일본의 비즈니스 모델과 대비해 논의되고 있다.

4. 조앤 마그레타, <Why business models matter>《하버드 비즈니스 리뷰》 No.5

5. 여기에서는 비즈니스 모델을 간단히 기술하기 위해 프랜차이즈가 아닌 직영점 모델로 기술한다.

6. 클레이턴 크리스텐슨 외, 《일의 언어(Competing Against Luck)》

7. 이 고객군과 가치 제안을 합치시키기 위한 설계 도구로 가치 제안 캔버스(Value Proposition Canvas)가 준비되어 있다. 이 책의 범위를 벗어나기 때문에 소개하지는 않지만, BMC와 세트로 활용해야 하는 중요한 도구다. (알렉산더 오스터왈더 외, 《밸류 프로포지션 디자인(Value Proposition Design)》)

8. Alex Osterwalder, "The Business Model Ontology-A Proposition in a Design Science Approach", Universitéde Lausanne, 2004, Ph.D. thesis, p.44

9. Nabila Amarsy, "5 Tips to Tell Your Business Model as a Story", Strategyzer, https://www.strategyzer.com/blog/posts/2014/7/26/telling-your-story, 2014년 8월 11일, 최종 열람일 2020년 6월 12일. Strategyzer는 알렉산더 오스터왈더가 설립한 비즈니스 모델에 관한 컨설팅 회사다.

10. 애시 모리아, 《린 스타트업(Running lean)》

11. BMC의 라이선스는 CC BY-SA 3.0으로 수정이 가능하여 여러 가지 파생형이 생겨나고 있다.

12. Alex Osterwalder, "The Business Model Ontology-A Proposition in a Design Science Approach", https://pdfs.semanticscholar.org/87bb/edf0efbf010515ed54086bdf31c7cb33e4a3.pdf, Universitéde Lausanne, 2004, Ph.D. thesis, p.148

4

실제 수업 편_
비즈니스 모델
구축하기

경쟁 우위를 확보하기 위한
비즈니스 모델 구축

세븐일레븐과 로손의 경영 전략을 해독한다

사전 예습 문제

1. 세븐일레븐과 로손의 비즈니스 모델 캔버스를
   각각 그려 경영 전략의 차이를 지적하라.

2. 중견 편의점에는 어떤 생존 전략이 있을까?
   거기에는 어떤 비즈니스 모델이 있는가?

비즈니스 모델의 혁신을
촉구 당하는 업계

교사 케이스 토론에 들어가기 전에 비즈니스 모델을 생각하는 것이 왜 중요한지 여러분과 문제의식을 공유하고 싶습니다. 이번에 다루는 편의점 업계도 그렇지만, 많은 업종에서 기업이 지속적으로 성장하려면 비즈니스 모델에 이노베이션이 필요하다는 말이 나옵니다. 이게 무슨 이야기일까요?

이것을 이해하기 위해 여러분에게 질문을 하겠습니다. 비즈니스 모델의 변혁을 촉구 당하고 있는 업계는 어디일까요?

A 은행 업계라고 생각해요. 원래 대출로 수익을 올리고 있었죠. 예전에는 전체 이익의 50% 정도를 대출 이자로 벌었지만, 마이너스 금리 등의 영향으로 최

근에는 10~20%까지 감소했습니다. 수익을 높이려면 새로운 사업을 모색해야 해요.

또 요즘 LINE Pay(모바일 메신저로 유명한 라인 주식회사에서 만든 간편결제 서비스-역주)나 PayPay(소프트뱅크와 야후가 설립한 페이페이 주식회사가 운영하는 간편결제 서비스-역주) 등 다양한 전자 화폐가 나왔잖아요. 제가 근무하는 은행에서도 드디어 핀테크에 진출하기 시작했습니다. 은행은 방대한 고객 데이터를 보유하고 있으니 이를 활용한 서비스를 고객에게 제공할 수 있지 않을까요?

교사   맞아요. 금융업은 극심한 진통을 겪고 있죠. 소비세 인상에 동반하여 캐시리스화를 진행시키기 위해 포인트 환원 제도가 실시되고, 일본 정부도 전자화를 향해서 움직이고 있습니다. 이 영향으로 ATM기에서 현금을 인출하는 금액이 감소했다는 보도도 있었어요.

앞으로 언급할 세븐앤아이홀딩스Seven&i Holdings의 사업 중에 세븐 은행이 있습니다. 기존의 은행과 달리 ATM 수수료로 돈을 버는 모델로 각광을 받았지만, 이 비즈니스 모델도 한계가 보일지 모르겠네요. 바로 지금, 은행의 비즈니스 모델을 바꾸지 않으면 안 된다는 거지요.

이런 식으로 여러분이 생각하는 사례가 또 있나요?

B 텔레비전이나 신문입니다.

교사 대중매체로군요. 어떤 변화가 있었나요?

B 젊은 사람들이 신문을 읽지 않게 되었어요. 텔레비전도 가족 모두가 보는 게 아니라 각자 자신의 생활에 맞춰서 보게 되었고, 인터넷 콘텐츠를 보는 사람이 증가하고 있습니다. 그래서 신문사나 방송국은 광고로 수익을 내기가 상당히 어려워지고 있고요.

교사 광고 미디어로서 가치가 계속 떨어진다는 거군요. 이것도 굉장히 큰일이죠. 여러분 중에 신문을 구독하는 사람은 손을 들어 주세요. 30% 정도로군요. 그 원인에는 물론 인터넷의 등장이 있었겠죠. 다른 사례는 어떤가요?

C   게임 업계라고 생각합니다. 예전에는 거치식 게임기로 게임을 하는 사람이 많았지만, 지금은 스마트폰 앱으로 게임을 하는 사람이 많아졌어요. 예전에 게임 업계는 게임 소프트웨어와 게임기로 수익을 거두었지만, 지금은 스마트폰 앱의 과금이 주류가 되었다고 생각해요.

교사   게임 과금은 일부 방식이 과도한 '무작위 뽑기 시스템'이라고 비판받기도 했지요. 이런 상황에 타격을 입은 회사는 구체적으로 어디일까요?

C   소니와 닌텐도가 아닐까요?

교사   소니의 자회사인 소니 인터랙티브 엔터테인먼트는 거치식 콘솔 게임기를 판매 중이고, 2020년 말에는 플레이스테이션5를 발매합니다. 과연 어떻게 수익을 올릴지 모르겠네요.
반면 닌텐도는 거치식도 휴대용도 가능한 닌텐도 스위치라는 기기를 개발해서 현재 순조롭게 가는 것처럼 보입니다. 뿐만 아니라 닌텐도는 DeNA(게임 개발사이자 게임 유통사)**와 손잡고 스마트폰용 게임 '마리오 카트 투어'를 발매했듯이 독자적인 기기뿐 아니라 콘텐츠로도 수익을 내려는 모습도 보입니다. 게임 업계도 비즈니스 모델이 크게 바뀌고 있다고 할 수 있겠네요. 또 있나요?

D   출판업계입니다. 페이퍼리스 시대가 되어 킨들^{Kindle} 같은 전자책 서비스가 늘었습니다. 킨들을 사용하면 자신이 쓴 책도 직접 판매할 수 있어요.

교사   그중에서도 특히 실시간 정보를 제공하는 주간지 등에 큰 영향이 있었죠.

D   맞아요. 정액 요금제로 온갖 잡지를 다 읽을 수 있는 서비스도 있습니다.

교사   도코모^{DOCOMO}에서 제공하는 d매거진이라는 서비스는 월 400엔으로 거의 모든 잡지를 읽을 수 있어요. 출판물 중에서도 잡지 매출이 크게 감소하고 있기 때문에 각 출판사는 조금이라도 수익을 내려고

d매거진 같은 서비스로 콘텐츠를 제공하고, 서브스 크립션 모델로 수익을 올리려 하고 있습니다. 이것은 음악이나 영화계에서도 일어나는 일이에요.

질문을 하나 더 하지요. 지금까지 언급한 것은 B to C(기업 대 소비자의 거래)였지만, B to B(기업 대 기업의 거래)의 세계에서 비즈니스 모델이 바뀌고 있는 업계가 있나요?

E   B to B에서는 전력, 에너지 업계가 가장 힘들지 않을까요? 전력 수요는 이미 한계점에 왔고, 앞으로 하락하면서 재생 가능 에너지가 들어올 거예요. 게다가 전력 자유화라는 점에서는 가스와 전기가 정면 승부의 구도를 보이는 가운데 전력회사의 발전 사업이 상당히 어려워지고 있어요. 다른 방향으로의 전환을 생각하지 않으면 위축되는 상황입니다.

교사   발전과 송전 사업을 분리하는 문제도 있지요. 지금까지는 발전과 송전이 일체화되어 있었기 때문에 전력회사가 자비용을 가격에 추가하여 이익이 나도록 가격을 정했습니다. 그런데 발전 부문과 소매 부

문의 자유화로 가격 경쟁이 시작되어 곤란해졌어
요. 2020년에는 소매 요금 규제가 철폐됩니다.

E   송전 쪽은 인프라를 가지고 있어서 비교적 고객의
니즈를 파악하기 쉬운데, 발전 쪽은 그곳에서 분리
되어 있어요. 발전 사업에 뛰어드는 업체도 늘어나
서 범용화되고 있다고 느껴집니다.

교사   원래 전기에는 색이 없어서 차별화가 어렵지요. 이
렇게 다양한 업계에서 과제가 있기 때문에 비즈니
스 모델의 변혁이 필요해지는 겁니다.

비즈니스 구조 파악의
중요성

교사 그럼 케이스 논의에 들어가기 전에 비즈니스 모델의 정의에 대해 확인해 둡시다. 경영자나 경영학자에게 물어봤을 때 100명이면 100가지 해석이 나오는데, 어디에 역점을 두느냐에 따라 정의가 상당히 달라집니다. 여기서는 알렉산더 오스터왈더와 이브 피뉴르의 저서에서의 정의를 소개하겠습니다.

> "비즈니스 모델이란 가치를 어떻게 창조해 고객에게 보낼지 논리적으로 기술한 것이다."[1]

오늘 비즈니스 모델을 다시 정의하면서 이런 말을 덧붙이고 싶습니다.

> "비즈니스 모델이란 가치를 어떻게 창조해 고객에게 보낼지 논리적이고 구조적으로 기술한 것이다."

구체적으로 떠올려 볼까요? 세상에는 유행처럼 다양한 비즈니스 현상이 일어납니다. 예를 들면 최근에 유행했던 것은 타피오카였습니다. 시부야를 걷다 보면 몇 분 사이에 두세 군데의 타피오카 음료 가게가 있죠. 타피오카가 크게 유행한 이유를 여러분은 어떻게 설명할 건가요?

F   인스타그램에 올리기 좋으니까요. 다른 사람에게 보여줄 수 있어요.

교사   그렇군요. 인스타그램의 등장도 크네요. 기존 대중 매체만이 아니라 이런 인터넷 미디어가 큰 영향을 주고 있습니다. 미디어 구조의 변화를 지적할 수 있겠네요.

G   2단계가 있다고 생각해요. 처음에는 인플루언서가 타피오카를 퍼뜨려서 젊은이들이 달려들었어요. 그 다음은 유행하고 있다는 이유로 주목받아서 유행이 가속되었죠.

교사   유행이 유행을 불렀다는 거군요. '이노베이터 이론 Innovator theory'이라는 것이 있는데, 처음에 이노베이터가 타피오카를 마시기 시작하고, 다음에 얼리어답터가 마시게 되면 일반 대중이 찾아와 크게 유행하는 패턴이 있다고 합니다.[2] 다음과 같은 보급 곡선으로 타피오카 유행을 설명할 수 있을 것 같네요. 이 유행에 대한 또 다른 설명이 있을까요?

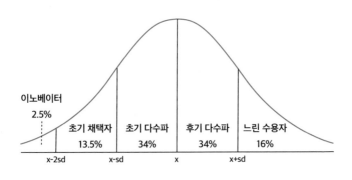

[도표11] 이노베이터 이론의 보급 곡선

H   출점할 때 비용이 저렴하기 때문이에요. 설비 투자와 기술 측면에서도 큰 부담이 없어요.

교사   그렇네요. 가게를 시작할 때 일반적으로 점원 교육으로 고심하는 경우가 많지요. 예를 들어 크레이프 가게를 하려고 해도 크레이프를 굽는 기술이 간단하지 않아서 직원 교육이 필요합니다.

더 복잡한 요리가 되면 품질 관리도 어려워지죠. 그런 점에서 타피오카 가게는 타피오카를 삶아서 밀크티에 넣기만 하면 되기 때문에 큰 기술이 필요 없습니다. 물론 공정에 고집을 부려 차별화를 꾀하는 가게가 있을지도 모르겠지만, 어쨌든 투자가 그다지 필요 없습니다. 그런 까닭에서도 급속히 출점할 수 있다고 생각되네요.

이렇게 어떤 현상이 생기는 이면에는 어떤 구조가 있습니다. 미디어 구조, 유행을 좇고 싶은 심리적 구조, 기술적 구조, 사업 구조 등 여러 구조가 복잡하게 얽혀 있습니다. 그래서 그저 인스타그램에서 눈에 잘 띄면 히트한다는 식의 단순한 논리로는 답을 유도할 수 없어요.

현상이 복잡해질수록 단순한 삼단 논법으로 설명할 수 없게 됩니다. 삼단 논법이란, 예를 들면 '사람은 죽는다→소크라테스는 사람이다→그래서 소크라테스는 언젠가 죽는다'라고 추론하는 형식이죠. 앞의 내용을 예로 들면 '타피오카가 유행하고 있다→나는 타피오카 가게를 운영할 것이다→그래서 나도 성공할 것이다'라고 할 수 있겠네요. 하지만 그렇게 믿으면 당연히 실패합니다. 비즈니스도 그렇고 세상만사는 단순한 삼단 논법으로 설명할 수 없다는 것을 여러분은 일상에서 자주 경험하고 있을 겁니다.

가령 '경영진이 권한을 이양해서 일이 잘 되었다'라는 케이스를 수업에서 배워 자신의 회사에 적용해 봤다고 합시다. 하지만 똑같이 해도 잘 되지 않는 경우가 생깁니다. 매사는 그리 간단하지 않아요. 권한 이양이 잘 되는 경우도 있고, 그렇지 않은 경우도 있어요. 그 기업의 역사적 배경이나 시장 상황, 또 권한을 이양할 때의 방법에 따라서도 달라질 수 있겠지요. 관련된 변수들이 많고, 또 그 변수들 간의 관계도 단순하지 않습니다.

세상에서 일어나는 일을 논의할 때는 단순한 삼단 논법이 아니라 좀 더 복잡하고 구조적인 논리로 파악해야 합니다. 우리가 해야 하는 것은 자사가 가지고 있는 제품만이 아니라 고객의 니즈, 사회의 트렌드, 파트너 기업의 자원 등 다양한 요소를 구조적으로 파악하고 재구축하는 일입니다. 복잡한 퍼즐을 맞추는 것처럼 구조적인 논리가 필요해요.

오늘 수업에서 다루려고 하는 비즈니스 모델은 매사를 단순화하지 않고 복잡한 구조로 파악합니다. 복잡한 것을 복잡한 상태 그대로 다루려는 자세입니다. 우리는 그런 복잡한 현상이 있는 것을 잘 알고 있으며, 사회에서도 회사에서도 그런 상황에 직면하고 있지요.

여러분이 이 강의를 통해 배우기를 바라는 것은 비즈니스를 구조로 파악하고 그 구조를 다수의 관점으로 검토해, 기업의 이해관계자들을 끌어당기는 전체적인 관점입니다. BMC가 이를 위한 도구가 될 것입니다.

이제 케이스로 들어가 봅시다.

편의점마트 주식회사는
어떤 전략을 세워야 할까

편의점마트 주식회사(가명)의 경영전략실에 소속된 야마다는 경영진에게 앞으로의 경영 전략 옵션을 제시해야 한다. 대학을 졸업하고 오로지 편의점마트에서 20년 동안 근무해 온 야마다는 가능한 한 편의점마트가 살아남는 전략 옵션을 제시하고 싶었다. 그러기 위해서는 업계의 대기업과 차별화를 빼놓을 수 없다. 규모의 경제를 통한 경쟁이 아닌 새로운 경쟁축은 없을까?

편의점 업계는 충계참에 와 있다. 신규 출점으로 전체의 매출은 성장하고 있지만, 기존 매장의 평균 매출은 최근 몇 년 동안 정점을 찍었다. 일본 도심에서는 집중 출점으로 과잉 경쟁이 일어나 체력이 없는 중견 편의점 체인은 대기업에 흡수 합병되었다. 패밀리마트Family Mart는 에이엠피엠am/pm과

써클K 선쿠스Circle K Sunkus를, 로손은 쓰리에프Three F와 세이브온Save On을 통합해 나갔다. 마찬가지로 중견 포지션에 위치했던 편의점마트도 예외는 아니어서, 편의점 재편의 흐름에 휩쓸리고 있었다.

또한 패밀리마트는 종합 할인매장 돈키호테Don Quijote와 손잡고, 압축 진열이라고 불리는 상품 밀도가 높은 새로운 업태에 도전하고 있다. 로손은 케어로손 등 고령자의 간병에 특화한 점포를 만드는 등 채널 전략에 돌입하고 있다. 반면에 업계의 왕인 세븐일레븐은 프라이빗 브랜드의 끊임없는 품질 향상으로 차별화를 추진하고 있다.

편의점마트는 어떤 전략을 세워야 할까?

◆ 세븐일레븐(2019년)

- 일본 내 점포수는 20,876개
- 일본 내 체인점 총매출 4조 8,988억 엔, 영업 이익 2,450억 엔(5.0%)
- 평균 하루 판매 65.6만 엔
- 세븐 프리미엄 등 고품질 프라이빗 브랜드 상품이 인기

- 남녀노소 폭넓은 고객층을 타깃으로 하고 있다.

- 우수한 제조사와 함께하는 팀MD의 따른 상품 개발력이 강하다.

- 프랜차이즈 운영 능력이 뛰어나고, 균질한 서비스 제공이 가능하다.

- 점포 포맷은 통일되어 있다.

- 같은 지역에 집중 출점하는 도미넌트 출점을 하고 있다.

- 도미넌트 출점으로 효율적인 점포 운영 관리 및 유통의 합리화를 도모하고 있다.

- 2019년에 오키나와에 진출하면서 일본의 모든 도도부현에 출점이 완료되었다.

- 유통기업 이토요카도를 포함한 그룹MD의 구매력이 강하다.

- 현실과 인터넷과 융합하는 옴니채널 전략을 추진, 옴니7Omni7 등의 전자 상거래 사이트를 전개하지만, 여의치 않다.

- 그룹에서 세븐 은행 등의 금융 사업을 펼치고 있다.

- 그룹 회사를 중심으로 nanaco라는 결제 플랫폼을 보유하고 있다.

- 전국에 166곳의 전용 공장, 159곳의 온도별 공동

배송센터, 9곳의 조미료, 채소 가공센터를 운영,
점포와 가까운 곳에서 신선도가 높은 상품을 제조해서
배송한다.

- 식사를 배송하는 세븐밀, 구입한 상품을 택배로 보내는
  세븐라쿠라쿠 배송 서비스, 소형 트럭으로 이동
  판매하는 세븐 안심 배송 서비스 등을 제공한다.
- 2016년 자전거 공유 사업을 시작해서 2019년 5월 말
  현재 620개의 점포에서 운영 중이다.

◆ 로손(2019년)

- 일본 내 매장 수는 14,659개
- 일본 내 체인점 총매출 2조 4,245억 엔, 영업 이익
  607억 엔(2.5%)
- 하루 판매 53.1만 엔
- 로손 외에 내추럴 로손, 로손 스토어100, 케어 로손,
  세이조 이시이 등 다수의 점포 포맷을 갖추고 있다.
- 지금까지 편의점 이용률이 낮았던 여성과 노인층을
  타깃으로 특정 요구를 파악한 상품 개발을 하고 있다.
- 상품 개발에 포인트 카드 Ponta를 통해서 수집한 구매
  데이터를 이용하고 있다.

- ATM기 서비스는 2001년부터 제공되다가 2018년에 은행업 면허를 취득해 로손 은행으로 업무를 개시했다.
- '마치카페'라고 하는 카페 메뉴가 주력 상품으로, 매장에서 조리해서 다양한 음료 메뉴를 제공하고 있다. 카페에서 메뉴 전달 시의 접객 기술을 향상하기 위해 독자적인 직원 등급 제도를 도입했다.
- 점포 내 조리에 힘쓰고 있으며, 일부 점포에서는 '길모퉁이 주방'이라는 점포 내에서 반찬과 도시락을 만들어 제공하고 있다. 내추럴 로손에서는 갓 구운 빵을 베이커리 형식으로 제공하고 있다.
- 케어 로손에서는 약국을 병설하거나 간병 상담을 할 수 있는 코너를 만들어 운영 중이다.
- 지역 특성에 맞는 점포를 개설하고 있으며, 지역 특산품, 농작물을 취급하는 점포도 많다.
- 2017년에 미쓰비시 상사 연결 자회사가 되었다.

세븐일레븐 vs 로손,
비즈니스 모델의 차이

교사　비즈니스 모델을 생각하는 데 당연히 경쟁사 분석
　　　을 빼놓을 수 없지요. 여기에서는 케이스로도 다루
　　　고 있는 세븐일레븐과 로손의 비즈니스 모델의 차
　　　이를 비즈니스 모델 캔버스를 이용해 생각해 보겠
　　　습니다.

　　　그런데 여러분은 세븐일레븐과 로손이 눈앞에 나란
　　　히 있다면 어느 쪽으로 들어가시겠어요? 세븐일레
　　　븐을 선택하는 사람은 손들어 주세요. 로손을 선택
　　　하는 사람은요? 세븐일레븐:로손이 7:3 정도로군요.
　　　그럼 세븐일레븐에 들어간다고 대답하신 분은 왜
　　　그렇게 선택하셨나요?

ㅣ　　　세븐일레븐은 신제품을 적극적으로 출시해서 새로

운 도전을 하고 있다는 인상이 강하기 때문에….

교사   맞아요. 또 있나요?

J   프라이빗 브랜드^{PB}도 그렇지만, 도시락이 맛있어요.

교사   그렇군요. 하지만 왜 세븐일레븐은 맛있는 대표 상품을 만들 수 있는데, 로손은 쉽게 대항하지 못할까요? 그것과 관련된 차이점을 의식하면서 비즈니스 모델을 살펴봅시다.

팀을 나누어 세븐일레븐과 로손의 비즈니스 모델 캔버스를 만들어 주세요. 여러분도 회사 안에서 이런 분석을 하는 경우가 있을 겁니다. 중요한 건 정보의 양이 아니에요. 가지고 있는 정보를 어떻게 연결해서 구조화해 보는지가 중요합니다. 경영기획부의 멤버로서 바로 그런 작업에 착수했다는 생각으로 돌입해 보시기 바랍니다.

(그룹 워크)

교사   먼저 세븐일레븐 팀, 발표해 주세요.

세븐일 레븐팀 세븐일레븐의 가치 제안에서 가장 특징적인 점은 앞에서 말한 의견도 있었듯이 고품질의 프라이빗 브랜드 상품이라고 생각합니다. 그것을 받아들이는 쪽은 대중 시장이 되겠지만, 특정 타깃으로 좁히지 않는 전방위형이라고 생각되고요.

고품질의 PB 상품을 기획하기 위해 대형 제조사와 팀MD, 그룹 회사와 제휴한 그룹MD의 형태를 보이고 있습니다. 또한 생산 라인은 세븐일레븐 전용 공장이 있습니다. 그런 협력 체제가 있기 때문에 개발에서 제조, 시장에 유통하기까지의 사이클이 매우 빠른 데다가 상품의 가짓수도 늘릴 수 있죠. 거기다 비용 자체도 낮아져서 점점 수익성이 높아지는 것입니다.

그 결과 세븐일레븐은 로손보다 훨씬 높은 수익을 올리고 있습니다. 영업 이익률로 따져 보면 로손의 두 배예요.

교사 고맙습니다. 세븐일레븐 독자적인 가치 제안과 그것을 지지하는 핵심 활동, 핵심 자원, 비용 구조와 수익 흐름을 지적하셨네요. 맛있는 PB 상품의 비밀

KP 핵심 파트너	KA 핵심 활동	VP 가치 제안	CR 고객 관계	CS 고객군
대기업 그룹 회사	팀MD KR 핵심 자원 전용 공장	고품질 PB 상품	CH 채널	전방위

C$ 비용 구조		R$ 수익 흐름	
	낮은 비용화		높은 단가

[도표12] 세븐일레븐의 비즈니스 모델(1)

은 팀MD와 전용 공장에 있다는 거군요.

타깃을 굳이 좁히지 않는 전방위 전략은 업계의 선두 기업이 채택하는 가장 중요한 전략이고요. 도요타도 풀라인업을 준비하고 있습니다. 2등 이하에게 빈틈을 보이지 않도록 모든 것을 커버하는 거죠. 세븐일레븐의 매장은 압도적인 업계 1위입니다.

이어서 비즈니스 모델 캔버스 오른쪽의 고객 관계나 채널에 특징이 있나요?

K   단일 포맷으로 도미넌트 출점을 하는 특징이 있습니다.

교사   왜 단일인가요? 그 이유를 어떻게 설명하지요?

K   남녀노소 모든 층을 겨냥하고 있기 때문에 특정한 고객을 위해 점포를 특화하지 않는 것 같습니다.

교사   그렇군요. 가치 제안, 고객군으로 생각하면 단일 포맷이 합리적인 판단입니다. 그 밖에 어떻게 설명할 수 있을까요?

L   도미넌트 출점과 아울러 물류 효율화에 기여하고 있다고 생각합니다.

교사   그렇지요. 점포가 다수의 포맷으로 나뉘면 물류가 복잡해집니다. 집중된 입지에 한 번에 배송할 수 있으면 비용이 절감되죠. 그 밖에 고객 관계에는 어떤 영향을 주나요?

L   어느 곳에나 있고, 같은 상품이 구비되어 있기 때문에 안심하고 들어가게 됩니다.

교사   무의식중에 세븐일레븐을 선택하게 되는 거군요. 도미넌트 출점의 또 다른 포인트는 고객과의 접점을 늘릴 수 있다는 것입니다. 자전거 공유 서비스를 시작하고 있는데, 이것도 도미넌트 출점을 하고 있어야만 가능한 서비스죠. 서비스망이 촘촘하기 때문에 이런 신규 서비스를 쉽게 개시할 수 있어요.

전자결제 서비스 nanaco도 이런 맥락에서 설명할 수 있습니다. 어느 날 근처에 세븐일레븐이 오픈했을 때 nanaco에 선물로 충전을 하면 쌀을 선물하는 이벤트가 열렸습니다. 충전은 손해 보는 것이 아니라 하게 되는데요. 충전 기준 금액이 무려 3만 엔이었습니다. 이만큼 충전을 하면 한동안은 세븐일레븐에 들어가게 됩니다. nanaco는 이런 다양한 고객 접점의 기회를 마련하여 고객을 확보할 전략으로 도입된 것입니다.

KP 핵심 파트너	KA 핵심 활동	VP 가치 제안	CR 고객 관계	CS 고객군
대기업 제조 회사	팀MD	고품질 PB 상품	nanaco에 의한 확보	전방위
그룹 회사	KR 핵심 자원		CH 채널	
	전용 공장		단일 포맷	
			도미넌트 출점	

C$ 비용 구조		R$ 수익 흐름	
	낮은 비용화		높은 단가

[도표13] 세븐일레븐의 비즈니스 모델(2)

교사 그럼 세븐일레븐에 대해 로손은 어떤 전략을 세우고 있을까요? 발표해 주세요.

로손팀 세븐일레븐과의 차이에 초점을 맞추면 하나는 Ponta 포인트 카드로 구매 데이터를 관리한다는 점입니다. 그 분석 결과로 세븐일레븐처럼 대중을 향한 비즈니스가 아닌, 여성이나 노인층을 신규 타깃으로 찾아낸 것이 아닐까 생각했습니다.

여성이나 노인층에 건강한 상품이나 서비스를 제공하기 위한 채널로 다양한 점포를 전개하고 있는데요. 예를 들어 여성을 대상으로 내추럴 로손이나 로손 스토어100, 노인층을 대상으로 케어 로손 등을 운영하고 있습니다.

또 하나의 핵심 활동으로 매장 내에 전문 직원을 두고 음식을 만들어 맛있고 건강한 식품을 제공한다는 점을 들 수 있습니다. 핵심 파트너는 다른 업계와의 협업, 예를 들면 약국을 매장 내에 두거나 간병 상담을 할 수 있는 서비스를 운영하는 것을 들 수 있습니다.

교사   네, 감사합니다. 세븐일레븐과 가장 다른 점은 여성과 노인층을 타깃으로 한다는 점이군요. 세이조 이시이를 매수하고 내추럴 로손과 로손 스토어100을 전개하는 것을 보면 확실히 알 수 있습니다. 모두 여성이 주요 타깃이죠. 반면에 세븐일레븐은 고집스럽게 단일 포맷으로 사업을 전개하고 있어요.

이처럼 로손의 다양한 점포 전개는 여성과 노인층

에 초점을 맞춘 전략이라고 할 수 있는데, 물론 가치 제안도 세븐일레븐과는 다릅니다.

아까 로손을 선택하겠다고 밝힌 분들에게 왜 로손을 사용하는지 물어보고 싶군요. 로손을 택한 분들은 손을 들어 주세요. 어떻습니까?

M 길모퉁이 주방 서비스를 좋아해요. 매장 안에서 만든 돈가스 샌드위치가 정말 맛있거든요.

교사 매장 안에서 반찬을 만드는 곳도 있고, 내추럴 로손 중에서는 빵집을 병설하는 곳도 있습니다.

세븐일레븐은 전용 공장, 이른바 센트럴 키친형입니다. 이것은 패밀리 레스토랑들과 비슷해요. 매장에서 조리하는 것이 아니라 공장에서 만든 식품을 데우기만 하면 되는 식이지요. 반면에 로손은 분명히 다른 전략을 쓰고 있습니다. 매장 조리를 고집하고 있어요. 이것은 음료를 셀프 서비스가 아니라 직원이 만들어 준다는 점에서도 나타납니다.

또 로손을 선택한 분 계신가요?

N   로손은 스무디 종류가 많고, 당질이 표시되는 빵도
        있어서 당질 제한을 하는 사람으로서 이용이 편리
        해요.

교사   역시 그렇군요. 여성과 노인층에 초점을 맞추고 있
        어서 세븐일레븐보다 조금 까다롭게 상품을 개발하
        고 있습니다. 지금 말씀하신 것처럼 스무디의 종류
        가 알차고, 저당질 제품을 빠르게 내놓은 곳도 로손
        이었어요. 세븐일레븐의 상품 개발이 대표 상품의
        고품질화라면 로손은 틈새 상품을 노리는 경향이
        강해요.
        그리고 조금 전에 Ponta를 이용한 구매 데이터 분
        석이라는 이야기가 나왔습니다. 데이터를 사용하
        는 방법도 로손과 세븐일레븐은 상당히 다릅니다.
        Ponta와 세븐일레븐의 nanaco에는 어떤 차이가 있
        는지 다시 한 번 지적해 줄 수 있을까요?

O   nanaco는 결제가 가능한 반면, Ponta는 포인트가
        메인이에요.

교사   그렇군요. 우선은 결제와 포인트로 크게 다르군요.
       또 어떤 차이가 있을까요?

P   분명 Ponta를 등록할 때는 주소나 생년월일 등의
       개인 정보를 입력한 기억이 있어요. 그런데 nanaco
       는 어디까지나 전자 화폐라서 개인 정보를 수집하
       기보다 단순히 결제 기능이 있을 뿐이에요.

교사   Ponta는 왜 개인의 속성 데이터가 필요할까요?

P   개인의 기호를 파악할수 있으니까요.

교사   맞습니다. 결국 양쪽이 근본적으로 설계 사상이 달
       라요. 방금 지적했듯이 nanaco는 카드를 구매한 뒤
       충전하여 사용하기 때문에 고객을 확보하는 전략입
       니다. 그런데 Ponta에는 확보하는 요소가 별로 없
       어요. 결제 기능도 없습니다. 하지만 지금 말씀하
       신 것처럼 속성을 파악하려고 하는 겁니다. 실제로
       이 빅데이터를 이용해서 어떤 사람들이 어떤 것을
       구매하는지 분석하고 있어요. 출점을 계획할 때도

이 데이터를 참고합니다. 내추럴 로손, 로손 스토어 100, 세이조 이시이, 일반적인 로손, 어느 지역에 어떤 형태의 점포를 출점해야 하는지 데이터를 바탕으로 전략을 짜는 것이지요.

KP 핵심 파트너	KA 핵심 활동	VP 가치 제안	CR 고객 관계	CS 고객군
약국 등과의 협업	까다로운 상품 개발	대기업 제조 회사	nanaco에 의한 확보	전방위
	매장 내 조리	갓 만든 맛있는 상품		
	KR 핵심 자원		CH 채널	
	빅데이터		다양한 점포 포맷	

C$ 비용 구조		R$ 수익 흐름
	다양한 점포 포맷에 따른 높은 비용	

[도표14] 로손의 비즈니스 모델

포지셔닝 vs 케이퍼빌리티,
경영 전략의 두 가지 흐름

교사   그러면 지금 하고 계신 워크를 되돌아봅시다. 이런
      식으로 비즈니스 모델을 파악할 때, 포인트는 어디
      에 있다고 생각하나요?

Q   핵심 자원과 핵심 활동에 주목하면 어떤 가치를 제
      공하고자 하는지 알 수 있습니다. 예를 들어 세븐일
      레븐은 팀MD, 로손은 매장 내 조리가 있어요. 고객
      관계에서도 nanaco와 Ponta로 하려는 것이 다르고
      요. 그 부분을 보면 될 것 같다고 느꼈습니다.

교사   그렇군요. 비즈니스 모델 캔버스의 오른쪽은 정식
      무대로, 이용자에게 보입니다. 하지만 왼쪽 절반인
      무대 뒤편은 검은 상자라서 속사정을 모르면 알 수
      없어요. 무대 뒤편의 차이를 의식해서 살펴보면 비

즈니스 모델의 차이가 떠오릅니다.

이번 워크의 가장 큰 포인트는 일반적으로 "왜 세븐 일레븐의 PB 상품은 맛있는가?", "왜 로손은 매장 내에서 적극적으로 조리를 하는가?"처럼 서비스의 뒤편에 있는 장치나 배경을 찾는 것입니다. 이런 무대 뒤편을 분석하기 위해 일단 운영에 주목하는 것은 큰 포인트가 됩니다. 그중에서도 타사에서 하고 있지 않은 독자성에 주목하면 그 회사의 전략이 보입니다.

이외에 비즈니스 모델을 보기 위한 또 다른 포인트가 있을까요?

R 스토리를 생각하다 보면 요소의 중요성이 드러납니다. 혹은 빠진 것도 보여요.

교사 네. 비즈니스 모델 캔버스에 있는 틀은 모든 요소가 다 연결되어 있습니다. 스토리를 구성할 때 연결이 빠지면 그곳에 무언가가 있을 거라고 탐색해 간다는 것이군요. 사실 이 스토리를 의식한다는 것은 매우 중요한 포인트입니다.

이것은 오늘 첫머리부터 전하고 있는 각 요소를 구조적으로 파악하는 일이기도 합니다. "세븐일레븐은 팀MD를 해서 성공했으니 우리 회사에서도 해보자" 식의 삼단 논법으로는 성공한다는 보장이 없어요. 전용 공장을 가진다고 해도, 비용은 어떻게 할 것인가? 어느 곳과 제휴할 것인가? 어디까지나 구조적인 문제임을 의식하면서 생각해야 합니다.

포인트가 더 있을까요?

S   파트너에 주목하면 흥미로울 것 같아요. 자사에 부족한 것을 보완할 수 있다는 데 파트너와 연대하는 이점이 있습니다. 파트너를 보면 자사의 약점이나 장래의 비전을 분석할 수 있죠.

교사   어느 업종과 손을 잡는지, 파트너에서도 비즈니스가 보입니다. 비즈니스 모델 캔버스의 각 항목에는 자사에서 컨트롤 가능한 것이 들어갑니다. 핵심 자원도 핵심 활동도 스스로 제어할 수 있습니다. 반면에 경기의 동향이나 인구 동태, 경쟁사 등의 외부 환경은 포함되지 않아요. 비즈니스 모델 캔버스는 어디까지나 자사 내부의 이야기입니다.

다만 고객군이나 핵심 파트너는 약간 다릅니다. 그것들은 반은 내부이고 반은 외부이기도 한 요소들입니다. 고객은 어느 정도는 자사에서 선택할 수 있지만, 고객의 니즈는 자사에서 조절할 수 없지요. 핵심 파트너도 마찬가지입니다. 자사에 압도적인 파워가 있으면 마음대로 선택할 수 있겠지만, 핵심 파트너 측에도 선택할 권리가 있습니다.

전통 가옥에 비유한다면 고객이나 파트너는 '툇마루'와 같습니다. 툇마루에는 이웃 사람이 찾아와 앉아서 차를 마시고 있어도 아무도 불평하지 않습니다. 집 밖인지 안인지 알 수 없는 모호한 영역이거든요. 그래서 저는 이것을 '비즈니스 모델의 툇마루 같은 요소'라고 부르고 있습니다. 여기에서도 비즈니스 모델이라는 구조물의 특징이 보일 겁니다.

이렇게 비즈니스 모델 캔버스를 만들어서 분석해봤는데 조금 보충 설명을 해볼까 합니다. 역사적으로 경영 전략에는 크게 두 가지 흐름이 있습니다. 하나는 '포지셔닝'입니다.

1980년대 미국에 마이클 포터Michael E. Porter라는 천재 경영학자가 등장합니다. 그는 35세에 하버드 비즈니스 스쿨의 교수가 되었습니다. 그는 "수익이 되는 시장 안의 포지셔닝으로 수익성이 결정된다"라고 주장했습니다. 그리고 고객군을 좁히는 '집중 전략', 전방위 고객에게 저가격을 호소하는 '비용 리더십 전략', 타사와 다른 제품으로 차별화하는 '차별화 전략' 이렇게 3개의 전략으로 분류해 논의했습니다. 그런데 1990년대에 들어서자 마찬가지로 미국의 경영학자 제이 바니Jay B. Barney가 "동업자가 똑같이 포지셔닝을 해도 수익성에 상당한 차이가 나는 경우가 있다"라고 지적했습니다. 회사 내의 능력(케이퍼빌리티)이나 내부 자원의 사용 방식에 따라 수익성이 바뀐다고 주장한 것이죠. 이것이 '케이퍼빌리티'입니다.

포지셔닝파와 케이퍼빌리티파 사이에는 오랫동안 논의가 오갔습니다. 2000년대에 들어서면서 만들어진 비즈니스 모델 캔버스는 이 양쪽의 요소가 가미된 조정 가능한 전략 도구라고 평가됩니다.

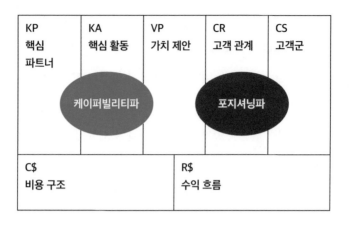

KP 핵심 파트너	KA 핵심 활동	VP 가치 제안	CR 고객 관계	CS 고객군

케이퍼빌리티파

포지셔닝파

C$ 비용 구조	R$ 수익 흐름

[도표15] 두 가지 경영 전략의 흐름을 통합

이번 편의점을 예로 들어 좀 더 구체적으로 설명해 봅시다.

세븐일레븐은 최대의 편의점 기업으로 남녀노소 가리지 않고 맛있는 대표 상품을 제공한다는 차별화 전략을 택하고 있습니다. 한편, 로손은 세븐일레븐보다 타깃을 좁히는 집중 전략을 선택했죠. 집중 전략 중에서도 특히 여성과 노인층을 대상으로 상품을 제공해서 차별화하려는 것입니다.

이처럼 비즈니스 모델 캔버스 안에서 그 기업이 채택하고 있는 포지셔닝 전략을 볼 수 있습니다.

KP 핵심 파트너	KA 핵심 활동	VP 가치 제안 차별화	CR 고객 관계	CS 고객군 대중
	KR 핵심 자원	비용 리더십	CH 채널	집중
C$ 비용 구조		R$ 수익 흐름		

[도표16]   BMC에 나타나는 포지셔닝 전략

이어서 케이퍼빌리티파의 논의를 살펴봅시다. 기업이 가진 경영 자원에 대해 VRIO 분석을 합니다. VRIO란 경제 가치[Value], 희소성[Rarity], 모방 불가능[Inimitability], 조직[Organization]의 네 가지 평가 구분을 말합니다. 특히 희소성과 모방 불가능이 중요합니다. 앞의 내용을 예로 들면 팀MD나 매장 내 조리라는 활동은 곧장 모방할 수 있는 것이 아니고, 전용 공장이나 Ponta의 빅데이터는 희소하죠. 이런 케이퍼빌리티를 조합하면 독자적인 가치 제안을 창출할 수 있습니다.

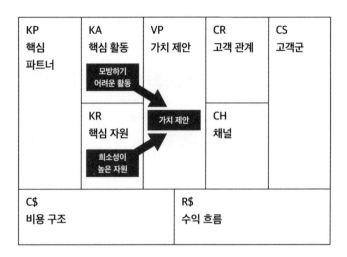

[도표17] BMC에 나타나는 케이퍼빌리티 전략

새로운 비즈니스 모델의
체크 포인트

교사   이런 논의를 바탕으로 중견 편의점의 생존 전략을 생각해 봅시다. 예를 들어 케이퍼빌리티파는 "세븐 일레븐이나 로손의 입장에서 모방하기 힘들고, 희소성이 높은 자원이 있을까?"라는 논의를 하게 되겠지요. 포지셔닝파는 "틈새 층을 대상으로 집중 전략을 세워야 한다"라는 이야기를 할 겁니다. 어디에 집중할 것인가? 어떤 고객군에 어떤 가치를 제공할 것인가? 어떻게 차별화할 것인가? 이런 질문들을 충분히 의식해서 스토리를 그려 나가지 않으면 중견 편의점의 생존 전략을 짤 수 없을 것입니다.

이제 다시 팀별로 중견 편의점이 살아남을 수 있는 비즈니스 모델을 만들어 주세요. 30분의 시간을 드리겠습니다. 팀원끼리 의견을 정리해서 포스트잇에 요소를 쓴 뒤 비즈니스 모델 캔버스에 붙여 주세요.

자, 시작합니다.

(※ 30분 동안 워크)

교사 　지금부터 각 팀에서 발표해 주세요. 발표를 듣는 여러분은 신규 사업 담당자의 프레젠테이션을 받는 회사의 경영진이 되는 겁니다. 경영진은 비즈니스 모델을 보고 새로운 사업과 전략을 평가하고 판단하세요. 그럼, 발표해 주실까요?

발표팀 　저희 팀에서는 고객군을 외국인 관광객으로 설정했습니다.

교사 　**범위를 꽤 좁혔군요. 기세가 좋네요.**

발표팀 　네. 그들이 이곳에서 겪는 전반적인 어려움을 해결하도록 도와주는 것입니다. 가치 제안은 접대입니다. 일반 편의점을 운영하면서 동시에 외국인 직원을 활용합니다. 매장 내에 접객 책임자를 한 명 배치하고, 여행 상품이나 선물도 판매해요.
고객 관계는 단발이지만, 국내 체류 중에 재방문해

줄 거라 예상합니다. 채널은 주로 관광객이 모이는 주요 도시의 매장을 생각하고 있어요. 파트너 기업은 호텔, 지자체, 여행사입니다. 다들 해외여행을 갔다가 하루 남았을 때 옵션 투어를 신청한 경험이 있지 않나요? 그런 투어를 여행 대행사가 되어 판매하면 수수료 등 새로운 수익을 얻을 수 있습니다.

비용 구조는 전문 외국인 직원을 한 명 배치하는 일로 기존의 비용보다 증가합니다. 그러나 새로운 부가가치를 제공하면 외국인 관광객들이 이 편의점을 선택한다는 이점으로 연결될 것이라고 예상했어요.

KP 핵심 파트너	KA 핵심 활동	VP 가치 제안	CR 고객 관계	CS 고객군
지자체		관광 정보	체류 중 재방문	외국인 관광객
관광객	KR 핵심 자원	접대	CH 채널	
	외국인 직원		접객 책임자의 대면	
C$ 비용 구조　　외국인 직원 인건비		R$ 수익 흐름　　신청 수수료		

[도표18] **외국인 고객을 대상으로 하는 편의점 비즈니스 모델**

교사 이 신규 사업을 진행해야 할까요? 일단 찬성과 반대의 의견을 거수로 표시해 주세요. 진행하는 게 낫다고 생각하는 사람은 손을 들어 주세요. 감사합니다. 그럼 진행하지 않는 게 낫다고 생각하는 사람은요? 거의 반반이지만 반대하는 사람이 조금 많네요. 경영진 역할 여러분, 질문이 있으신가요?

T 접객 책임자를 매장 안에 둔다고 했는데, 그 일은 우리에게 경험이 없어서 케이퍼빌리티가 부족하지 않을까 싶은데, 그런 인재들을 어떻게 채용하고 교육시킬지 계획을 알려 주시면 좋겠습니다.

교사 고맙습니다. 케이퍼빌리티의 관점에서 의문이 남는다는 거군요. 또 있을까요?

U 저는 외국인 고객이 재방문한다는 점에 약간 불안감을 느꼈습니다. 당사는 대기업이 아닌 중견 편의점이기 때문에 실제로 외국인 고객과 당사의 편의점 수가 매치될까요? 거리를 걷다가 매장을 만날 수 있을지 모르겠습니다.

교사   그러면 고객 관계만이 아니라 채널에도 문제가 있다는 거군요.

V   맞아요. 여행사와 제휴를 맺는다고 해도 비즈니스가 이루어질지 불안해요.

교사   고객 접점의 문제로군요. 채널이나 고객 관계에 우려가 있어 보여요. 또 있을까요?

W   가치 제안의 부분에 접대가 있습니다. 관광지에는 원래 거리에서 자원 봉사하는 사람도 많은데, 이 가치 제안이 정말로 외국인 고객에게 전해질지 조금 의문스러워요.

교사   서비스 차별화로 편의점에서 접대를 한다고 해도 커뮤니케이션은 아주 잠깐이 되겠네요. 역 안에 관광 정보를 제공하는 창구도 있는데, 그것과 다른 점이 있을까요?

X   일단 여행 상품을 판매한다고 해도 핵심 자원으로

여행업 면허가 필요해요. 그리고 접객 책임자를 한 사람만 둔다고 이해했는데, 그 직원이 몇 개 국어를 할 수 있고 얼마만큼 많은 고객을 접할지 생각하면 한계가 있다는 생각이 드네요. 하물며 본업인 판매로 바쁠 때는 접객 책임자의 업무까지 돌리기는 힘들 것 같아서 운영에도 불안한 점이 있습니다.

교사　원래 편의점은 단시간에 서비스 받을 수 있다는 점이 장점이라 접대와 모순되는 부분이 있네요. 그리고 여행 판매에는 여행업 면허가 필요하다는 지적은 확실히 그 말이 맞아요. 다른 의견 있으신가요?

Y　　외국인 고객에 특화되면 내국 이용객이 기피하는 이유가 될 것 같아요. 경영 자원은 한정되어 있기 때문에 그 사업에 주력하면 대기업에 점유율을 빼앗기지 않을까요? 그러면 경영이 더욱 어려워질 우려도 있습니다.

교사　기존 고객도 고려해야 하죠. 그리고 자원 배분에 불안감이 있다는 말이네요. 감사합니다.

제가 보통 기업의 신규 사업에 도움을 줄 때도 이렇게 경영진에서 다양한 지적이 나옵니다. 30분 만에 생각한 아이디어라서 당연히 지적할 부분이 많지요. 현실에서는 물론 시간을 더 들여 준비하겠지만, 그래도 본질적으로 이런 질의응답 내용으로 질문이 날아옵니다. 우리는 어떤 식으로 준비해야 할까요? 이해하기 쉽도록 다음 도표를 소개하겠습니다.

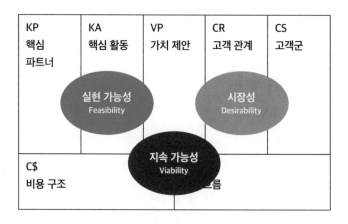

[도표19]   비즈니스 모델 구축의 포인트가 되는 3가지 영역

지금 여러분이 논의한 바와 같이 비즈니스 모델을 논의할 때는 크게 세 가지 관점에서 검토합니다. 첫

번째는 '실현 가능성'입니다. 지금 다루는 예로 말하자면, 여행업 면허의 필요성과 같은 법률적 제한이나 접객 책임자의 케이퍼빌리티 문제도 포함됩니다. 제안하는 측은 이런 실현 가능성에 대해 설명할 책임이 있다는 점을 명심해 주세요.

두 번째는 '시장성'입니다. 외국인 고객들이 엄청난 시장 사이즈를 갖고 있다면 모르지만, 실제로 그다지 크지 않지요. 그리고 편의점에 접대 서비스가 요구되고 있는가? 역에서 무료로 여행 정보를 얻을 창구가 있는데 유료로 할 수 있는가? 이런 포인트도 포함됩니다.

세 번째는 '지속 가능성'입니다. 좀 전에 전문 직원에게 상당한 인건비가 들지 않겠냐는 의견이 나왔는데, 정말 지속 가능한 비즈니스인지 생각해 봐야 합니다. 이상 세 가지 영역에 의문점이 집중되는 경향이 있다는 것을 기억해 주세요. 프레젠테이션을 할 때는 미리 문답을 가정해 두어야 합니다.

그럼 지금 했던 질문을 옹호하는 경우는 어떻게 대답할까요?

Z   비즈니스 모델을 조금만 바꾸면 좋을 것 같아요. 전문 외국인 직원에게 인건비가 들어가고, 여행 상품 판매나 기념품 판매로 수익을 낸다는 이야기인데, 꼭 그렇게 수익을 올려야 할까요? 예를 들어 안내 시스템을 탑재한 로봇을 도입해 외국인 고객을 끌어들이면 온 김에 구매를 유도하는 형태를 유지하면 비용을 절감할 수 있고, 기존 내국인 이용객에게 영향을 줄 일도 없어요.

교사   사람이 아니라 로봇을 자원으로 이용하면 좋겠다는 말이군요. 그러면 외국인 고객뿐 아니라 다른 이용객에게도 쓸모가 있을지도 모르고요. 또 하나, 여행 상품을 판매해서 수수료를 벌기보다 온 김에 구매하도록 하자는 거고요.

A   오사카에 있는 로손에는 구마모토의 특산물을 판매하는 안테나숍이 있어서 외국인 고객 다수가 이용하고 있어요. 편의점에 방문했다가 출출할 때 먹기 위해 구마모토의 과자나 특산품을 사 가는 사람도 있습니다.

교사   그런 전개도 하나의 선택지네요. 분명 신오사카 역
       에는 세븐일레븐이 운영하는 기념품 가게가 있습니
       다. 하지만 일반적인 기념품 가게에는 새로울 것이
       없잖아요. 편의점과 어울리는 기념품 가게가 관광
       지에 있으면 재미있지요. 그런 관점으로 비즈니스
       모델을 구축하면 가능성이 확대될 것 같네요.
       더 보충할 의견 있으신가요?

B   방금 전 차별화라는 말이 나왔는데요. 공항에서 오
       는 택배 서비스처럼 택배 서비스를 하기 위해서 편
       의점끼리 서로 짐을 보내는 구조를 만들면 좋겠어
       요. 편의점에 꼭 가야 할 환경을 만들면 차별화를 할
       수 있지 않을까요?

C   파트너의 자원 부분인데, 이 사업을 편의점으로 시
       작한다기보다 호텔이나 여행 안내소에 편의점을 두
       면 어떨까요? 그들의 자원, 예를 들어 면허나 접대
       기술을 가진 직원을 이용하면 역시나 외국인 고객
       을 대상으로 하는 편의점으로 시너지 효과가 날 것
       같아요.

교사   호텔 매점은 썰렁한 곳도 있으니까요. 그런 곳을 지
        원하는 방향도 있다는 거군요. 그럼 여기까지 하겠
        습니다. 이 팀에게 다시 박수를 보냅시다.

        중요한 건 이 아이디어가 좋은지 나쁜지 판단하기
        보다 앞의 3가지 영역인 실현 가능성, 시장성, 지속
        가능성을 의식하면서 비즈니스 모델을 구축하는 것
        입니다. 문제점을 지적할 때도 이 세 가지를 의식하
        면서 다면적으로 파악해 주세요.

경영 지표에서 역산해서
설계하는 비즈니스 모델

키엔스의 높은 이익률의 비밀을 파헤친다

사전 예습 문제

1. 키엔스가 높은 이익률을 올리고 있는 이유는 무엇인가? 비즈니스 모델의 관점에서 지적하라.

2. 제국중공업이 높은 이익률을 실현하기 위한 전략에는 어떤 것이 있는가?

비즈니스 모델 구축의
3가지 레벨

교사 이제 1강에서 진행한 워크의 의미를 더 깊이 이해하기 위해 비즈니스 모델의 3가지 레벨이라는 이야기를 꺼내려고 합니다. 비즈니스 모델 캔버스를 개발한 알렉산더 오스터왈더는 비즈니스 모델 캔버스의 사용법에 3가지 레벨이 있다고 합니다.

레벨 1은 '체크리스트' 형태의 사용법입니다. 9개의 블록에 마치 구멍을 메우듯이 정보를 넣어 가는 방법입니다. 그렇게 누락이 없도록 체크해 나갑니다. 오스터왈더는 체크리스트를 보충하는 식으로는 안 된다고 말하고 있어요. 그러면 어떤 식으로 사용해야 할까요? 레벨 2의 스토리 형태를 사용해야 한다고 합니다.

레벨 2의 '스토리' 형태는 요소를 별개로 기입하는 것이 아니라 요소 간의 연결을 의식해서 그립니다.

바로 비즈니스 모델의 이야기를 만드는 방법이지요. 강의의 서두에 사용한 단어를 쓰자면 '구조를 파악한다'고 할 수 있겠네요.

예를 들어 세븐일레븐이 가지고 있는 팀MD라는 요소를 골라 내는 것만으로는 의미가 없고, 그것이 어떻게 비즈니스 모델 전체의 스토리에 기여하는지 볼 필요가 있습니다. 그렇게 해서 요소 자체가 아니라 요소 사이의 관계를 파악하는 방식이에요.

레벨 3은 '끊임없는 진화' 형태입니다. 비즈니스 모델을 발전, 전개시키기 위한 방법이죠. 아마존은 본래 온라인 서점에서 시작했지만, 모든 것을 취급하는 슈퍼스토어가 되어 지금은 킨들 전자 서적, 프라임 비디오를 통한 동영상 제공 플랫폼으로 발전했습니다. 이와 같이 사업이 진화해 갈 때는 비즈니스 모델 안에 성장을 촉진하는 엔진과 같은 논리가 포함되어 있어요.

레벨 1부터 3까지를 이런 식으로 파악할 수 있습니다. 레벨 1의 체크리스트 형태는 19세기까지의 과학이 그러했듯이 요소 환원주의입니다. 생명의 비밀을 알기 위해 생물을 살펴보면 장기에서 단백질, 분자,

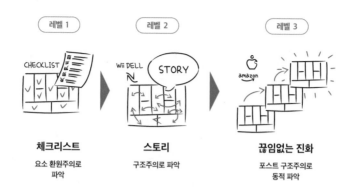

| 레벨 1 | 레벨 2 | 레벨 3 |

체크리스트

요소 환원주의로
파악

스토리

구조주의로 파악

끊임없는 진화

포스트 구조주의로
동적 파악

[도표20] 비즈니스 모델 구축의 3가지 레벨

나아가 원자로 작게 분해할 수 있습니다. 그러나 그
걸로 생명의 비밀을 알 수는 없지요. 흩어진 조각을
다시 조립해도 생명이 생겨나지 않아요.

그래서 요소를 하나하나 분해할 것이 아니라 구조
로 봐야 한다는 생각을 하기 시작합니다. 그것이 레
벨 2의 스토리 형태이며, 이는 앞에서 소개한 것처
럼 구조주의라고 할 수 있습니다. 20세기에는 동시
대적으로 다양한 영역에서 이 구조주의적 관점이
퍼져 나갔죠.

나아가 레벨 3이 되면 구조가 어떻게 생겨나 어떻게
생성, 발전하는지를 보는 끊임없는 진화형이 됩니

다. 이는 구조주의 이후라는 뜻에서 포스트 구조주의라고 부릅니다. 구조가 어떻게 생겨났는지, 지금의 구조가 어떻게 변해 가는지, 구조의 생성 변화로 관심 영역이 옮겨 가는 것입니다.

비즈니스 모델이 어떤 경위로 성립되었는지 혹은 앞으로 어떻게 되어 갈지 동적으로 파악하는 레벨 3의 관점에서 케이스를 살펴봅시다.

제국중공업 주식회사의
이익률을 개선하라

중공업 업체인 제국중공업 주식회사(가명)의 중기 경영 계획은 기존과 크게 달라졌다. 매출 목표가 아니라 이익률을 목표로 설정한 것이다. 오로지 규모를 좇는 것이 아니라 높은 이익을 낼 수 있는 근육질 조직으로 바꿔 나가겠다는 경영진의 강한 의지가 느껴지는 계획이었다.

지난해에는 이제까지 11개로 잘게 나뉘어 있던 사업부가 3개의 사업 도메인으로 통합, 재편되는 큰 조직 개편이 이루어졌다. 수익이 나지 않는 사업에 대해서는 철수나 매각 등 의사 결정을 할 수 있도록 권한을 집중한 것이다.

A가 속한 사업은 확실히 매각 대상으로 보였다. 매출 규모는 나쁘지 않았지만 이익은 거의 없었다. 중기 경영 계획에서는

통합된 사업 도메인 전체에서 현재 6%인 이익률을 10%까지 개선하도록 요구했다. 계획의 달성을 이루는 데 B사업이 발목을 잡고 있는 것은 분명했다.

그렇다고 해도 매출이 아닌 이익률을 올리려면 어떻게 해야 할까? 매출은 영업부가 열심히 판매하면 달성하지 못할 것도 없다. 하지만 이익률을 개선하려면 가격을 올리든지, 원가를 낮추든지 해야 한다. 가뜩이나 혹독한 경쟁 속에서 가격 인상은 자살 행위였다. 비용 절감도 마른 걸레를 쥐어짜는 격이었다. 이익률을 4%나 올리는 것은 힘겨워 보인다.

그러다 키엔스가 50% 이상의 영업 이익률을 자랑한다는 기사가 나왔다. 키엔스는 FA(공장 자동화) 분야의 제조 회사로, 각종 센서, 계측기기, 자동 제어장치 등을 취급하고 있다. 적극적인 영업 스타일로 유명해, 문의하면 바로 전화가 걸려와 현장 문제의 해결책을 제안해 준다. 솔루션 영업이나 컨설팅 영업이라는 수법을 통해서였다. 기사에는 이런 영업 방법으로 50%를 실현했다고 나와 있었다. 또한 외부 제조 회사에 제조를 위탁하는 방법, 이른바 무설비 제조 체제를 갖추고 있어 공장이 없는 제조사로도 유명했다.

10%도 불가능하다고 느낀 A에게 50%의 이익률이란 상상

을 초월한 숫자였다. 도대체 어떻게 그런 이익률이 실현 가능했을까? 무설비 제조이기 때문에 비용을 큰 폭으로 줄이고, 컨설팅 영업으로 이익이 증가한다는 설명만으로는 부족할 듯했다. 애초에 자사 제품의 원가율은 60%를 넘고 있어, 영업 이익률은커녕 판매한 후의 매출 총이익률도 50%를 넘지 않는 것이 자명했다.

만약 키엔스에 참고할 점이 있다면 무엇일까? 그들에게서 무엇을 배워야 할까?

> 연봉 2000만 엔! 수수께끼 같은 키엔스의 실태
> 40대에 과로사할 만큼 불합리한 격무 때문?
> (동양경제 온라인 2018년 12월 28일, https://toyokeizai.net/articles/-/257794 최종 열람일 2020년 9월 6일)
>
> 평균 연령 35.9세, 평균 연봉 2,088만 엔. 오사카에 본사를 둔 키엔스의 유가 증권 보고서(2018년 3월기)에는 다른 기업에서는 좀처럼 볼 수 없는 고수입이 기재되어 있다. 동양경제 온라인의 각종 연봉 랭킹에서도 항상 상위에 올라, 제조업 분야에서 월등한 고수입이다.
> 고수입은 격무에 시달린 결과인가? 인터넷상에서

는 블랙 기업이라는 소문도 나돈다. 회사에 대한 평가 중에 "20대에 1,000만 엔이 넘고, 30대에 집이 지어지며, 40대에 무덤이 올라간다"라는 말이 나올 정도. 평균 근속 연수가 12.2년으로 그리 길지 않기 때문에 벌 만큼 벌어서 독립한다는 이미지도 있다.

이런 소문에 대해 키엔스의 경영 정보 실장인 기무라 게이치 이사는 "엄격한 근로 방식을 요구하지 않고, 젊은이의 재량도가 매우 높은 회사다"라고 말한다. 고수익은 회사 성장과 고수익을 직원들에게 돌려준 결과라고 한다.

▶ 영업 이익률 50% 이상이라는 위협적인 수치

일본 경제산업성의 기업 활동 기본 조사에 따르면 제조업의 매출 영업 이익률은 4.7%(2016년도 실적)이다. 반면 키엔스의 2018년 3월기 결산은 매출액 5,268억 엔, 영업 이익 2,928억 엔으로, 영업 이익률이 약 55%라는 경이로운 수준을 기록했다. 성장은 계속 진행 중이다. 2008년 3월기 결산이 매출액 2,006억 엔, 영업 이익 1,023억 엔이었으므로 10년 만에 3배가 조금 안 되는 성장을 이룬 셈이다.

이 회사가 취급하는 것은 FA와 관련된 센서나 화상 처리 시스템이다. FA란 공장의 생산 공정을 자동화하기 위해 도입하는 시스템을 말한다. 생산 라인에서 정확한 제조 작업과 불량품을 제거하기 위해 물건의 위치를 정밀하게 측정하는 센서와 화상 처리 기술은 FA에서 중요하다.

일본 내의 노동 인구 감소와 신흥국의 인건비 상승 등으로 노동력 절감이 필요해져 FA가 필요한 기업은 해마다 증가하고 있다. 키엔스의 실적이 최근 눈에 띄게 호조를 보이는 것은 분명 이러한 외부 환경이 큰 영향을 주었을 것이다.

매출액의 50% 이상이 해외에서 나온다. 그 내역이 상세하게 개시되어 있지 않지만, "아시아 대상이 약 40%, 중남미 대상이 약 30%, 유럽 대상이 20%"(관계자)라고 한다. 국내외를 막론하고 각 지역에서 매출이 고르게 나오고 있으며, 판매 지역이 분산되는 것이 이 회사의 안정으로 이어지고 있다.

그렇다고 해도 이것만으로 50%가 넘는 이익률은 달성할 수 없다. 이 위협적인 이익률에는 몇 가지 요인이 있다. 자사가 부담하는 공장이 없는 무설비 제조 경영을 철저히 고수하는 것. 제품의 연구 개발과 영업에 집중해서 실제 생산은 타사에 위탁하고 있으며, 낮은 원가, 낮은 비용을 실현하고 있다.

제품의 연구 개발력이 경쟁력의 원천이라는 시각도 강하다. 키엔스의 신제품은 70% 이상이 세계 최초 혹은 업계 최초이다. 기무라 이사는 "외부 사람들은 영업력이 강하다고 하지만, 연구 개발력이 최고의 강점이다"라고 이야기한다.

▶ 결과가 아닌 과정을 중시하는 영업

그래도 외부에서 압도적으로 많이 언급되는 것은 "영업 노하우가 뛰어나다"(일본 증권 애널리스트)라는 의견이다. 키엔스에 약 20년간 근무했고, 현재도 기계 업계에서 활약하고 있는 퇴사자 A씨는 키엔스의 진짜 강점이 제품 개발과 판매의 전술에 있다고 밝혔다.

"'세계 최고 속도'라는 제품의 콘셉트가 명확하기 때문에 제품을 설명하기 쉽다. 영업 사원 개인의 이점도 상대편의 도입 이점도 개발에 들어가 있으므로 판매 전략을 세우기에 유리하다."(A씨)

상품이 지닌 매력과 신제품의 영업 용이성이 강한 영업력으로 연결된다.

영업에 대해서도 끊임없이 합리성이 추궁 당한다고 한다. A씨에 따르면 '시책(施策)'이라는 영업 계획이 중요한데, 시책에는 매출 목표를 달성하기 위한 매우 세부적인 스토리 작성이 요구된다고 한다. 예를 들어 제품 팸플릿을 몇 권 발주하고, 누구에게 어떻게 배포할 것인지 등을 상세하게 결정하는 것이다.

"시장의 전망을 제대로 읽어 올바른 전략과 전술을 짤 수 있는지 추궁당한다."(A씨)

키엔스에서는 이 시책을 입사한 지 얼마 안 되었을 무렵부터 실천해서 영업을 배운다고 한다.

"굴러 들어온 호박처럼 영업 실적이 우연히 좋아지면 계획이 지나치게 안일하다며 좋은 평가를 받지 못한다. 왜 결과가 좋아졌는지 설명해야 한다."(A씨)

결과보다 과정을 제대로 밟는 것이 중시된다는 말이다.

그 때문에 "젊은 사람 중에는 무턱대고 쓸데없는 일만 한다고 생각하는 사람이 있을지도 모른다"라고 A씨는 말했다. 실제로 "영업 실적이 아닌 배포한 전단지 매수나 영업 건수 달성도 등 세세한 부분만 지적받아서 의미를 몰라 괴로웠다"라고 밝힌 퇴사자도 있다.

그러나 시책을 중시하는 것은 영업도 전략을 짜서 예측하는 능력을 익히기 위해서다. 키엔스에서 오랫동안 해외 사업을 담당한 퇴사자 B씨는 "어떻게 항상 합리적인 영업을 할 수 있는지를 보편화한 회사"라고 회고했다.

합리성의 추구는 영업만이 아니라 회사 조직에도 침투하고 있는 듯하다. 키엔스는 현 명예회장 다키자키 다케미쓰滝崎武

光가 1972년에 설립했다. 다키자키는 키엔스 주식의 7.7%를 가진 대주주이지만, 오너 색은 생각보다 옅다. 이 회사의 채용 사이트에는 사원의 친인척은 지원할 수 없다고 명시되어 있다. 실제 임원 명부에는 다키자키의 친인척은 눈에 띄지 않는다.

합리성이 돋보이는 조직으로, 그런 점에서는 "공정한 회사다"(B씨)라고 한다. B씨는 예전에 이직이 성행하는 해외에서 인재가 확보되지 않는다는 지적을 받은 적이 있었다. 이때 B씨는 해외 이직 시장의 데이터를 제시하며 반론했다. 그리고 이직이 전제인 해외에 맞는 사원 교육과 인사 제도 확립을 제안해 본사를 납득시켰다고 한다.

"상사나 임원 등 누가 말했는지가 아니라 무엇을 말했는지가 중시된다."(B씨)

근거를 들어 논리적으로 설명할 수 있으면 갓 대학을 졸업한 신입 사원의 이야기에도 귀를 기울이는 사풍이라고 한다.

"상사에게 아부하거나 파벌을 형성하는 일은 없고, 경영진을 포함해 상사에게도 기본적으로 서로 이름에 씨를 붙여서 부른다."(B씨)

▶ 퇴사자들은 이직 시장에서 평가가 높다

업무 합리성을 추구하는 사원이 육성되기 때문에 이직 시장에서도 키엔스 사원은 인기가 높다. 6년 만에 퇴사해 현재는 자동차 제조 회사에 근무하는 A 씨는 "키엔스에 근무했다는 것만으로 대기업 제조 회사 몇 군데에서 러브콜을 받았다"라고 이직 당시를 회고했다. 해외에서도 미국을 중심으로 '키엔스 유니버시티'라는 평가를 받으며, 인재 배출 기업으로 존중받고 있다.

인터넷상에서는 키엔스를 그만둔 후에 창업하는 사례가 많다고 말하지만, "300명 정도의 퇴사자 모임에서 창업자 수는 손가락으로 셀 정도밖에 없었다"(B 씨)라고 한다. 굳이 창업하기보다 스스로 일하고 싶은 회사에서 키엔스의 경험을 살리는 사람이 많은 듯하다.

다만 이런 실태는 좀처럼 표면화되지 않는다. 정보 공개가 극단적으로 적기 때문이다. 노하우 유출 방지와 B to B 사업에서 오는 제약 등이 이유다. 그런 자세가 비밀스러운 기업 이미지로 이어지고 있다. 또한 이제까지 자주 결산기를 변경했는데, 그것도 상장 기업으로서는 이례적이라고 할 수 있다. "조금 더 회사의 상황이나 근무 방식을 외부에 공개해도 좋을 것이다."(퇴사자의 한 사람)

평균 연봉 2,000만 엔 이상, 영업 이익률 50% 이상은 합리
성을 철저하게 추구했다는 증거일 것이다. 하지만 이상하다
고도 할 수 있는 수치에 대해 조금 더 설명이 있다면 심한 소
문은 나지 않았을 것이다.

연결 손익 계산서		매출 대비
매출액	526,847	100%
매출 원가	94,174	17.9%
매출 순이익	432,672	82.1%
판매비 및 일반 관리비	139,781	26.5%
영업 이익	292,890	55.6%
영업 외 수익	6,225	1.2%
영업 외 비용	256	0.0%
경상 이익	298,860	56.7%
법인세, 주민세 및 사업세	93,427	
법인세 등 조정액	△5,162	
법인세 등 합계	88,264	
당기 순이익	210,595	40.0%
판매비 및 일반 관리비 중 주요 비목 및 금액		
임원 보수 및 직원 급여 수당 상여	64,250	12.2%
		(백만 엔)

※ 키엔스의 2019년 3월기 유가 증권 보고서를 바탕으로 필자가 작성

[도표21] 키엔스의 경영 정보(2019.3)

키엔스는 왜 고수익을 내는가
비즈니스 모델 관점의 경쟁 분석

교사   그럼, 오늘의 마지막 세션으로 넘어가겠습니다. 여기에서는 가상 기업인 제국중공업 주식회사를 바탕으로 이야기를 진행시킬 겁니다. 드라마에나 나올 법한 회사 이름이지만, 당연히 상관없지요. 대개 이런 중후장대 산업은 낮은 이익률이 경영상의 큰 과제입니다. 그런 회사 입장에서 보면 업종이 약간 다르다고 해도 키엔스의 높은 이익률은 몹시 탐나는 목표겠지요.

이런 이익률은 기업의 노력만으로는 온전히 설명할 수 없습니다. 이익이 이 정도로 나는 것은 구조적인 문제이기 때문입니다. 마찬가지로 중기 경영 계획으로 이익률을 높이는 것도 지금까지 기업이 해 온 노력의 연장선상으로는 실현하기 어려울 것입니다. 여

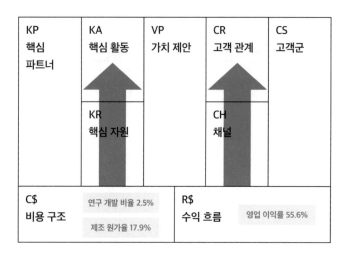

KP 핵심 파트너	KA 핵심 활동	VP 가치 제안	CR 고객 관계	CS 고객군
	KR 핵심 자원		CH 채널	
C$ 비용 구조	연구 개발 비율 2.5% 제조 원가율 17.9%		R$ 수익 흐름	영업 이익률 55.6%

[도표22] 경영 지표에서 비즈니스 모델을 추측한다

기에서는 키엔스를 예로 들어 비즈니스 모델과 경영상의 지표가 어떻게 연동되는지 살펴보겠습니다. 이익률 이외에도 '매출액 대 연구 개발비 비율(연구 개발비÷매출액)'을 보면 키엔스의 2.5%라는 수치는 높지 않습니다. 수치만 보면 연구 개발에 크게 힘을 쏟는다고 할 수 없어요. 그리고 '제조 원가율(제조 원가÷매출액)'도 중요한데요. 키엔스의 경우는 17.9%입니다. 이 수치는 업계에서 이상하리만치 낮은 수준이에요.

오늘의 논의는 이런 수치의 배경에 어떤 비즈니스 모델이 있는지 생각하는 것입니다. 제조 원가율이 왜 비정상적으로 낮은가? 매출액 대 연구 개발 비율은 일반적인 수준인데 왜 영업 이익률이 높은가? 그런 부분의 논리를 의식하면서 다시금 비즈니스 모델을 정리하고자 합니다. 그룹별로 10분간 토론해 주세요.

(※ 10분간 워크)

교사 이제 발표해 주세요.

발표팀 키엔스의 비즈니스 모델은 영업력에 주목하기 쉬운데, 사실 가장 큰 포인트는 가치 제안에 있다고 생각합니다. 업계 최초, 세계 최초의 제품이 아주 많아요. 그래서 가격도 높게 책정할 수 있습니다.
한편, 제조 협력사에 제조를 위탁해서 비용을 낮출 수 있습니다. 이런 연유로 높은 영업 이익을 실현할 수 있다고 생각합니다.

KP 핵심 파트너	KA 핵심 활동	VP 가치 제안	CR 고객 관계	CS 고객군
제조 위탁처	시책이라는 영업 계획 인재 육성	70% 이상이 세계 최초, 업계 최초 영업 노하우	제안 영업	공장을 가진 제조 회사 해외, 국내
	KR 핵심 자원		CH 채널	
	영업 노하우 연구 개발력		직판	

C$ 비용 구조	R$ 수익 흐름
무설비 낮은 원가 인건비 평균 2,000만 엔	높은 단가

[도표23] **키엔스의 비즈니스 모델**

교사   높은 영업 이익의 이유 중 하나가 특별한 제품 개발
에 있다는 말이군요. 흔히 무설비 제조라는 것만으
로 높은 이익률을 설명하려고 하는데, 사실 그것만
으로는 설명할 수 없습니다. 협력사는 국내이고, 그
협력사의 관리 비용도 함께 실려 있어요. 인건비가
저렴한 해외에 위탁한다면 몰라도, 자사에서 만들

지 않는다고 현격하게 비용을 절감할 수 있는 것은 아니지요. 역시 강경하게 가격을 책정할 수 있는 제품 개발력에 비밀이 있겠네요.

혹시 키엔스에서 제품을 조달한 경험이 있으신 분? 역시 키엔스 제품은 비싼가요?

C   연구 자재로 현미경을 구입했는데 매우 비쌌습니다.

교사   다른 회사보다요?

C   네, 훨씬 고가예요. 다만 같은 퀄리티의 이미지를 촬영할 수 있는 현미경은 키엔스밖에 없어요.

교사   역시 키엔스 말고는 선택지가 없었군요. 다른 분은 어떠신가요?

D   저도 연구실에 근무하는데, 역시 가격이 비쌌습니다. 키엔스의 영업 사원이 자주 영업하러 와서 가격을 물어보면, 가령 타사에서 500만 엔인 제품이 키엔스가 개발한 제품은 800만 엔인 경우가 종종 있

었습니다. 하지만 이미지가 깨끗하고 처리 속도가 빠르기 때문에 사용하면 생산성이 올라가요. 결국 비싸도 구입하게 되죠.

교사   그렇군요. 비용 대비 효과로 생각하면 조금 비싸더라도 키엔스를 선택하게 되겠네요. 그런데 키엔스의 연구 개발비는 매출 대비 2.5%로 높지 않습니다. 연구 개발형 기업이라면 10%를 투자하는 전자 제조 회사도 있습니다. 어떻게 비용을 들이지 않고 세계 최초, 업계 최초의 제품을 만들 수 있는 걸까요? 사실 최첨단 기술을 가지고 세계 최초의 제품을 만든다기보다 기존의 기술을 잘 접목해서 새로운 제품을 만드는 높은 기획력이 차별화의 포인트입니다. 기초 연구부터 하는 것이 아니라서 연구 개발비 자체는 별로 비싸지 않습니다.

그렇다면 다른 회사도 바로 비슷한 제품을 개발할 수 있을 듯한데요. 예전에 저는 같은 FA 제조 회사에서 지금처럼 키엔스 분석 워크를 한 적이 있습니다. 그때 이런 질문을 했어요.

"키엔스 제품이 업계 최초다, 세계 최초다 하는데,

특별한 기술을 쓴 게 아니라면 금방 따라 할 수 있을 겁니다. 그런데 왜 만들지 않나요?"

사실 경쟁사들이 똑같은 제품을 만들지 못하는 세 가지 이유가 있었습니다. 그것이 뭘까요?

E   예전에 키엔스의 경쟁사에서 근무한 적이 있었어요. 그 회사는 고사양 제품을 만드는 회사였습니다. 기술자들에게 '키엔스의 흉내를 낸다=다운그레이드된 제품을 만든다'라는 의미가 되어서 따라 하는 것에 반대했습니다.

교사   그렇군요. 만들 수는 있는데, 만들지 않는 것이네요. 키엔스는 업계 최초이긴 하지만 최첨단은 아니라는 거지요.

E   맞습니다. 예를 들어 기존 제품에 별것 아닌 액정 모니터를 부착하는 식으로 누구나 할 수 있는 간단한 기술을 사용해서 고객도 미처 몰랐던 편리성을 포착해 개발하는 데 아주 능숙해요.

교사 고객사의 니즈를 짐작하거나 생산성을 높이기 위해 아무도 알아차리지 못한 니즈를 받아들여 개발하는 거군요. 게다가 과잉 품질이 되지 않도록 절묘한 성능으로 설계합니다. 엔지니어가 보기에는 일부러 성능을 떨어뜨리는 의미를 이해할 수 없어서 추종하지 않겠네요.

그 밖에 어떤 이유가 있다고 생각하시나요?

F 키엔스의 강점에서 따라 할 수 없는 것은 역시 컨설팅 영업이라고 생각합니다. 키엔스는 영업 사원이 고객사에 깊숙이 들어가 고객 자신도 모르는 니즈를 파악해 잘 맞는 제품을 개발합니다. 그리고 그것을 영업 사원이 판매합니다. 다른 회사는 이렇게 영업과 개발이 매칭되지 않는 게 아닐까요?

교사 그렇군요. 키엔스 제품은 고객의 숨은 니즈에 맞춘 이른바 틈새 제품이 많다는 거네요. 그렇다면 판매할 때도 어느 정도 설명이 필요하지요. 일반적으로 몇십만 엔이라는 가격대의 상품이라면 직판 영업이 아니라 판매 대리점을 경유해서 판매하는 편이 합리적입니다. 키엔스와 달리 많은 기업들이 대리점을 이용하고 있습니다. 그때 "이 제품은 이런 식으로 파세요"라는 대리점 교육을 해야 하는데, 틈새 제품일수록 팔기가 어렵지요. 타사가 키엔스의 제품을 따라 해서 개발해도 대리점을 경유해서 판매하기가 어렵겠어요.

G   틈새 제품을 제조하는 데는 무설비 제조가 이점이 되는 게 아닐까 싶습니다. 로트^{lot}가 적어도 대응이 가능해요.

교사   그렇군요. 다른 회사는 일반적으로 자사의 제조 라인에서 제품을 만듭니다. 그러면 생산 로트 수가 어느 정도 없으면 돌아가지 않지요. 반면에 키엔스는 대규모 라인을 짜지 않기 때문에 최저 로트 수가 아주 적어도 됩니다. 그만큼 틈새 제품을 만들기 용이하지요. 다른 회사는 많이 팔리는 범용품이 될 수밖에 없습니다. 그리고 범용품이 되면 당연하게도 비용 경쟁이 생겨서 이익률이 내려갑니다. 이런 악순환에 빠지게 되지요.

제국중공업의
경영 전략 실천

교사   제국중공업의 이야기로 돌아가겠습니다. 이제까지의 이야기를 통해 제국중공업에서 키엔스와 같은 전략을 실현하려면 어떻게 해야 할지 생각해 봅시다. 제국중공업이 키엔스와 같은 전략으로 추진한다면 어떤 문제가 생기고 어떤 해결책이 있을까요?

H   제국중공업은 이익률이 상당히 낮지만, 매출 규모는 제법 큽니다. 그래서 키엔스처럼 무설비 제조로 고정비를 억제하는 것이 이익률을 높이는 하나의 해결책이 아닐까 생각합니다.

교사   1990년대 버블 붕괴 이후, 실제로 무설비 제조로 전환한 기업이 많았어요. 그러나 생각처럼 수익이 오르지 않는 상황이 발생했습니다. 무설비 제조라는 선택은 지금까지 일본 기업이 자랑하던 생산 기술의 우위성을 버리는 것이고, 그것을 대체하는 우위성, 키엔스로 말하자면 뛰어난 상품 기획력이 있어야 해요. 제국중공업이 그렇게 대체할 강점이 있는지도 논의가 필요하겠네요.

덧붙여서 지금까지 자체 생산이었던 것을 무설비 제조로 바꾸면 어떤 일이 일어날까요? 실제 경험도 괜찮습니다.

| 예전에 자사에서 텔레비전을 제조했는데, 다른 회사, 중국계 EMS(Electronics Manufacturing Service의 약칭. 전자기기를 위탁 생산하는 서비스)에 위탁했습니다. 이익은 올랐지만, 품질이 떨어지는 문제가 생겼어요. 제조 위탁처 관리라는 새로운 과제가 발생해서 일이 제대로 될 때까지 시간이 걸렸습니다.

교사   제조 위탁처의 관리는 고민스러운 문제지요. 자사에서 제조하면 개발이나 설계 부분에 다소 문제가 있어도 우수한 생산 현장에서 숙련된 기술로 해결하곤 합니다. 그 결과 설계가 점점 복잡해지고, 과

잉 설계가 되어 가죠. 하지만 제조를 타사에 의뢰하면 외주 공장에서 간단히 제조할 수 있도록 치밀하게 설계하지 않으면 제품의 수율이 나빠지게 됩니다. 그런 점에서 키엔스는 무설비로 제조해도 수율이 높아지도록 설계하고 있어요. 결국 설계력도 요구된다는 것이지요. 또 있을까요?

J   키엔스에서 배울 것은 수익률에 집중하는 부분입니다. 제국중공업도 똑같이 해야 합니다. 구체적으로 두 가지 방법이 있는데요. 하나는 비용 삭감입니다. 사업부를 3개로 통합 재편했기 때문에 각 사업이 제각각 조달하고 있던 원자재를 집약해서 조달 비용을 낮출 수 있지 않을까요? 또 하나는 의식 개혁입니다. 케이스를 보면 이익률 개선이 어렵다고 쓰여 있어요. 그것을 반드시 실현할 수 있다고 의식을 바꿔야 합니다.

교사   의식을 바꾼다는 것은 가격 책정에 향하는 의식이지요. 보통 제조 회사는 비용 플러스로 가격을 매깁니다. 키엔스처럼 '제조 원가 20%로 만들었지

만 80%의 이익을 얹자'라고 생각하면 일반적인 제
조사들은 "거저먹으려고 한다"라는 말이 나오겠죠.
즉, 제조 원가를 억제하면 그만큼 저렴한 가격으로
팔려고 합니다. 하지만 키엔스는 대담하게 이익을
얹어 갑니다. 왜냐하면 비용이 아니라 비용 대비 효
과로 가격을 책정하기 때문입니다.

가격이 비싸도 고객에게 이점이 있으면 팔립니다.
예를 들어 생산 효율이 올라 연간 1억 엔의 장점이
있음을 알면 그 기계가 2,000만 엔이라도 구입합니
다. 원가가 얼마인지는 상관없게 되지요. 이런 가치
를 바탕으로 한 가격 책정이 키엔스 전략의 밑바탕
에 있습니다.

비즈니스 모델의
크리티컬 코어를 생각하다

교사   마지막으로 소개하고 싶은 건 '크리티컬 코어'라는 개념입니다. 이것은 히토쓰바시一橋 대학의 구스노키 겐楠木 建 교수의 표현으로, 키엔스의 강점을 표현하기에 딱 들어맞는 말입니다.

앞에서 몇십만 엔 가격대의 제품은 판매 대리점을 이용한다는 이야기를 했습니다. 그것을 직판 영업으로 판매하려는 키엔스의 영업 전략은 상식에 반하고 있습니다. 키엔스는 그런 '해서는 안 되는 일'을 여러 가지 도입하고 있어요. 지금은 상식이 된 무설비 제조도 당시에는 비상식이었고, 틈새 제품을 많이 갖추는 것도 상품 가짓수를 줄여야 한다는 경영 원칙에 어긋납니다. 재고, 관리 비용이 늘어나니까요. 그런데 어째서 그런 선택을 하고 있는 걸까요?

		전체	
		비합리적	합리적
부분	합리적	합리적이고 어리석은 사람	일반적으로 현명한 사람
	비합리적	그냥 어리석은 사람	현명한 사람의 맹점 (크리티컬 코어)

[도표24] 현자의 맹점이 되는 크리티컬 코어

도표24를 보면서 정리해 봅시다. 우선 '그냥 어리석은 사람'은 부분적으로 비합리적이고 전체적으로도 비합리적입니다. 물론 이것은 말도 안 되지요.

하지만 '합리적이고 어리석은 사람'은 많은 사람이 빠지기 쉬운 영역입니다. 부분적으로는 합리적이어도 전체적으로는 비합리적인 것인데요. 예를 들어 조금 전의 이야기처럼, 엔지니어가 "고퀄리티 제품을 만들 수 있으니 다운그레이드한 제품은 만들지 않겠다"라고 하는 식입니다. 이것은 합리적이지요. 그런데 그것만 고집하면 회사 전체적으로는 이익이 늘지 않아 비합리적으로 될 수도 있습니다.

그다음 '일반적으로 현명한 사람'은 상당수가 이 영역의 판단을 합니다. 부분적이든 전체적이든 합리적인 판단입니다. 비즈니스 스쿨에서 공부하는 여러분은 일단 이 영역을 선택할 것입니다. 그러나 다른 회사도 같은 전략을 취하기 때문에 경쟁에서 벗어날 수 없습니다. 키엔스처럼 높은 이익률을 바랄 수 없어요.

키엔스가 하고 있는 일은 이 세 영역 중 어디에도 속하지 않습니다. 부분적으로는 합리적이지 않지만, 전체적으로는 수익으로 이어져 합리적이에요. 얼핏 보기에 비합리적이어도 지속적으로 경쟁 우위가 됩니다. 이것이 크리티컬 코어이며 '현명한 사람의 맹점'입니다.

키엔스는 저가 상품을 대리점에 맡기지 않고, 직판을 시작합니다. 그러자 고객사의 현장 니즈를 훤히 알게 되었고, 이를 상품 개발에 활용해 가려운 곳을 긁어 주듯이 업계 최초, 세계 최초의 상품을 만들어 냈습니다. 그 결과 높은 가격으로 판매하게 되었지요. 직판이라는 부분만 보면 비합리적인 경영 판단이지만, 전체적으로는 합리적인 상황으로 바뀐 것입니다.

이런 크리티컬 코어는 얼핏 보기에 비합리적이기 때문에 강한 경쟁 우위로 작용합니다.

경쟁 우위의 종류	지속적 우위의 원천
레벨 4 크리티컬 코어	동기의 부재 의도적인 모방 기피
레벨 3 전략 스토리	일관성, 상호 효과
레벨 2 조직 능력	암묵성
포지셔닝	이율배반적 관계
레벨 1 업계 경쟁 구조	선행성
레벨 0 외부 환경의 순풍	

[도표25] 경쟁 우위의 단계

여기에서 경쟁 우위의 단계에 대해서 설명하겠습니다. 첫 번째는 레벨 0으로 외부 환경의 순풍 단계입니다. 최근의 AI 붐을 예로 들 수 있는데요. 'AI'라고만 하면 출자를 받을 수 있는 약간의 거품이 낀 상황이 있었습니다. 어떤 기업이든 성장하고 있지만 이것은 단순히 시장 상황이 순풍이기 때문이지, 경쟁 우위에까지는 이르지 못한 상황입니다.

이어서 레벨 1에서 업계의 경쟁 구조라는 경쟁 우위가 생깁니다. 이것은 경쟁 순위가 그대로 경쟁 우위에 영향을 준다는 것이지요. 예를 들어 최근 LINE Pay나 PayPay, 라쿠텐 페이 같은 QR 결제 서비스가 속속 등장했습니다. 그중에서 PayPay가 타사보다 먼저 100억 엔을 주는 이벤트를 열어 화제를 모았습니다. 또한 LINE Pay와의 합병을 내세워 확고한 경쟁 우위를 구축했고요. 이 단계는 타사보다 조금이라도 먼저 손을 쓰는 선행성에서 이길 필요가 있습니다.

우리가 오늘 배운 것은 레벨 2부터 위쪽의 경쟁 우위입니다. 포지셔닝파의 논의는 비용을 낮추면 가치가 떨어지고, 가치를 올리려고 하면 비용도 오르는 이율배반적 관계에서 어떤 전략을 취해야 하느냐는 고민이었습니다. 세븐일레븐은 전방위의 차별화 전략이었고, 로손은 선택과 집중 전략을 택하고 있었지요.

또 하나, 조직 능력은 케이퍼빌리티파의 이야기입니다. 세븐일레븐은 팀MD와 전용 공장, 로손은 매장 내 조리나 Ponta의 빅데이터 등의 케이퍼빌리티로 경쟁 우위를 쌓으려고 했습니다.

레벨 3의 전략 스토리는 전략의 일관성, 상호 효과로 경쟁 우위를 구축하는 것입니다. 이것에 대해서는 다시 상세하게 다룰 것이기 때문에 여기에서는 소개 정도만 하겠습니다.

그리고 레벨4의 크리티컬 코어는 타사가 따라 하지 않습니다. 앞서 말했듯이 얼핏 보기에 불합리한 전략이기 때문이에요. 그것은 키엔스가 비합리적이기 때문에 경쟁사가 추종할 수 없다, 추종하지 않는다는 점에서도 이해할 수 있을 겁니다. 그리고 이 단계의 경쟁 우위는 타사가 따라 하지 않으므로 경쟁을 피할 수 있어 높은 수익성을 실현할 수 있습니다.

업계에서 일반적으로 비상식적이라고 파악하는 것을 도입했더니 이노베이션으로 연결된 것이지요. 한 번쯤 비합리성을 받아들이는 것도 중요합니다.

이것으로 오늘의 강의를 마치겠습니다. 내일 또 뵙겠습니다.

인재 활용을 포함하는 비즈니스 모델

인재에서 가치를 창출하는 시스템

사전 예습 문제

1. 북오프의 비즈니스 모델에서 인재라는 요소는 다른 요소와 어떻게 관련되어 있는가?

2. 인재 활용이라는 측면에서 북오프의 비즈니스 모델은 어떤 특징이 있는가?

인재 활용에 관련된
크리티컬 코어

교사 여러분, 안녕하세요. 그럼 3강의 강의를 시작하겠습니다.

지난번 키엔스를 예로 크리티컬 코어를 설명했습니다. 크리티컬 코어란 얼핏 보기에 비합리적이지만 지속적으로 경쟁 우위를 점하는 전략 요소였습니다. 다른 회사가 따라 하고 싶지 않은 수단을 쓰는 것이 진입 장벽이 되어 결과적으로 고수익을 올려 경쟁 우위를 구축한다는 이야기였습니다.

크리티컬 코어 같은 전략을 내세우는 것은 키엔스만이 아닙니다. 또 생각나는 기업이 있으신가요?

A 돈키호테가 있어요. 이용객이 보기 쉽게 상품이 배치되어 있지 않고 어수선해서 보물찾기하는 느낌으로 매장 안을 즐기도록 하지요.

교사　맞아요. 일반적인 진열 상식과 달리 언뜻 비합리적으로 보이지만, 이용객의 인기를 끌고 있어요. 게다가 돈키호테가 업계에서 그 정도로 급성장했음에도 같은 전략을 채택하는 기업이 없습니다. 돈키호테가 하는 혼란스러운 진열 방식은 다른 회사도 따라하려고 하면 쉽게 할 수 있죠. 그런데 모방하는 기업은 보이지 않고, 모두 제품을 질서정연하게 진열합니다. 상품을 카테고리별로 나누어 보기 쉽게 진열하고, 고객이 효율적으로 쉽게 쇼핑할 수 있도록 애쓰고 있어요. 그게 합리적이니까요. 또 다른 곳이 있을까요?

B　라이잡Rizap이 있습니다. 일반 헬스클럽은 기기의 이용이나 훈련 지도에만 그치는데, 라이잡은 평상시 식사까지 지도합니다. 그리고 "결과로 보여 준다"라는 점을 어필하고 있지요.

교사　네. 역시 결과를 약속하는 것이 중요한 요소네요. 이로 인해 라이잡은 큰 주목을 받았는데, 다른 헬스클럽은 비슷한 전략을 취했을까요? 쉽게 나오지 않지요. 그렇다면 여기에 어떤 크리티컬 코어가 있는 겁니다. 다른 회사는 왜 따라 하지 않을까요?

C 다른 헬스클럽은 회원을 늘리려고 노력하는데, 회원 중 일부는 회원가입을 해 놓고 헬스클럽에 나오지 않게 됩니다. 그러면 헬스클럽은 들인 노력 없이 돈을 벌게 되지요. 만약 성과가 없으면 환불해 주는 시스템을 도입하면 스스로 이익을 줄이는 셈이 되기 때문에 따라 할 마음이 생기지 않는 거겠죠.

교사 그렇죠. 휴면 회원이나 이용률이 낮은 회원이 어느 정도 없으면 사실 비즈니스가 성립되지 않아요. 이런 비즈니스 모델 속에서 결과로 보여 주겠다고 말하면 전부 환불하게 될 수도 있어요. 이건 따라 하고 싶지 않겠네요. 하나 더 들어 볼까요?

D 스타벅스Starbucks는 어떨까요? 광고비에 1엔도 들이지 않으니까요. 그리고 직영점으로만 영업한다는 이야기도 들었습니다. 이런 부분은 다른 회사가 따라 할 수 없고, 언뜻 비합리적으로 보여요.

교사   1일차 강의에서도 소개한 구스노키 겐 교수는 크리티컬 코어의 사례로 스타벅스를 소개하고 있습니다. 일반적으로는 비용 절감이나 사업 확장 등의 이유로 프랜차이즈 운영을 합니다. 다만 직영점과 프랜차이즈 매장을 비교하면 매출에 차이가 생겨요. 스타벅스의 전략은 비합리적으로 보이지만 전체적으로는 합리적인 겁니다.

그리고 하나 더, 스타벅스에는 접객 매뉴얼이 없다는 이야기가 있습니다. 매뉴얼이 없는데 어떻게 고객 만족도가 높은 접객을 할 수 있을까요?

E   점원끼리 서로 테스트를 하는 등 각 매장이 개별적으로 교육에 힘쓰고 있기 때문입니다. 매뉴얼이 없어도 현장의 노력으로 접객의 질을 높이는 거죠.

교사   그렇군요. 일반적으로는 매뉴얼을 잘 만들어서 어느 매장을 가든 표준 접객을 할 수 있도록 교육하지요. 그런데 스타벅스는 자신들이 시행착오를 겪으면서 매장마다 직원 교육을 해서 독자성이 생겨나고 있습니다. 매뉴얼이 없기 때문에 당연히 시간이 오래 걸리겠지만요. 이로 인해 스타벅스에서는 어떤 경쟁 우위가 생겼을까요?

F 제가 회사에서 채용 담당으로 일하고 있을 때, 스타벅스에서 아르바이트를 하고 있다는 학생 몇몇이 면접을 보러 왔어요. 그때 들었는데, 역시 매장마다 접객이 다른 점, 접객이 표준화되어 있지 않다는 점은 단점이 될 수 있지만, 반대로 고객이 직원 개인의 팬이 되어 주는 것 같습니다. 표준화되어 있지 않은 만큼, 스스로 노력해서 최적의 접객을 할 수 있어요. 이런 점이 큰 장점이 됩니다.

교사 그렇군요. 매뉴얼에 구애받지 않는 접객으로 고객 맞춤형 커뮤니케이션을 할 수 있다는 거네요. 당연히 매출 향상으로도 이어지겠고요. 이런 인재 활용에 관련된 크리티컬 코어의 사례로 북오프Book Off를 다루고자 합니다.

북오프의 고수익을
뒷받침하는 인재 활용

북오프는 중고책 시장에서 새로운 비즈니스 모델을 확립했다. 원래 중고책 매입에는 고도의 지식이 필요했지만, 대부분의 책을 정가의 10%로 매입해 50%의 가격으로 판매하고, 팔고 남은 불량 재고는 100엔에 판매하는 등, 지극히 단순한 규칙의 가격 설정으로 누구나 할 수 있는 작업으로 전환했다. 학생이 많은 지역이면 학생이, 회사원이 많은 지역이면 직장인이 책을 팔러 온다. 그것을 그대로 판매하면 지역 특성에 맞는 책장이 완성된다. 그런 점에서 북오프의 비즈니스 모델은 중고책 산업의 간편화였다.

책을 팔러 오는 사람은 책을 팔아 돈을 벌고 싶다기보다 책으로 가득한 집안을 치우겠다는 마음으로 책을 가져왔고, 또 적극적으로 출장 매입도 했다. 이렇게 상당히 저가로 매입한 결과, 매출 원가를 25%로 낮게 억제할 수 있었다. 기존 중고서점이 하지 않았던, 들여온 책을 깔끔하게 정리하는 등의 과정도 높은 판매 가격을 유지하는 데 기여했다.

반면에 일반 서점의 매출 원가는 약 80%로 높은 수준이다. 또 재판매 가격 유지 제도에 따라서 출판사가 정가를 결정하고, 서점은 그 정가와 다른 금액으로는 판매할 수 없는 제약이 있다. 현격히 낮은 원가 구조와 유연한 가격 책정은 북오프의 강점이었다.

매우 간단한 구조였으므로 모방하기가 쉬워 보였다. 하지만 경쟁사들이 똑같은 방식으로 비즈니스를 시작해도 북오프처럼 높은 수익을 올리지 못했다. 같은 북오프라도 평당 평균 월간 매출액은 직영점이 7만 엔, 프랜차이즈 가맹점은 5만 엔으로 큰 차이가 났다. 북오프의 수익은 단순히 시스템만으로 생기는 것이 아니었다.

그 실마리는 현장 운영에서 찾아볼 수 있다. 부진한 매장에는 지원이 들어가서 단기간에 실적을 개선시킨다. 매입한 서적을 곧바로 선반에 진열하거나 책장을 적극적으로 정리하는 등 주요 지원책은 매장 운영의 질 향상이었다.

이런 노력과 함께 파트타임으로 일하는 사람들에게 적극적인 권한 이양과 최종적으로는 사장까지 될 수 있는 승진의 기회를 주고 있다. 실제로 하시모토 마유미橋本真由美 전 사장은 아르바이트생에서 출발해 사장으로 취임했다. 매장을 재건하는 직책을 맡아 채산이 맞지 않는 매장에 가서 인재 교육을 실시했고, 이를 통해 수익을 개선한 실적이 좋은 평가를 받았던 것이다.

책장마다 담당자를 두고, 그 책장의 매출 목표를 의식하면서 일하는 환경을 만들었다. 이런 까닭에 파트타이머라고 해도 프로 의식을 지니고 일하는 문화가 생겨났다. 인재들의 활약이라는 강점이 북오프의 성장을 뒷받침했다. 일반 서점은 중개인이 그 서점의 경향에 맞게 책을 배본하는 경우가 많다. 그러다 보니 어느 서점을 가든 진열된 책이 비슷해지는 일이 벌어진다. 그런 점에서 북오프의 책장에 진열된 책은 다양한 라인업을 자랑한다.

그런데 파트타임이나 아르바이트만이 아니라 직원의 활약이라는 것은 모든 기업에 적용 가능한 이야기다. 어떤 업종, 어떤 업태에서든 북오프처럼 대처할 수 있을까? 이런 시책으로 성과를 올리는 북오프만의 이유가 있다면 어떤 것일까?

북오프의
비즈니스 모델

교사 　그럼 지금부터 북오프의 사례를 살펴보겠습니다. 이것이 북오프의 비즈니스 모델 캔버스입니다.

KP 핵심 파트너	KA 핵심 활동	VP 가치 제안	CR 고객 관계	CS 고객군
	진열	싸다	셀프 서비스	책을 사고 싶은 사람
	판매	상품 진열이 좋다		
	매입			
	KR 핵심 자원	쉽게 팔 수 있다	CH 채널	책을 팔고 싶은 사람
	브랜드		매장	
	직원		출장 매입	
	매입 시스템			

C$ 비용 구조		R$ 수익 흐름	
	매입 비용 25%		중고책 판매 매출

[도표26] 북오프의 비즈니스 모델(1)

교사   북오프의 특징은 낮은 상품 원가에 있습니다. 반면에 서점의 원가율은 약 80%라고 하는데, 이렇게 원가율이 높은 이유는 재판매 유지제도로 인해 팔다 남은 책을 출판사에 반품할 수 있기 때문입니다.

일반적으로 소매는 상품을 한 번 매입하면 책임지고 다 팔아야 하지만, 서점은 그렇지 않습니다. 이처럼 리스크가 적기 때문에 이익률도 낮게 설정되어 있어요. 참고로 저는 지유가오카에서 잡화점도 운영하고 있는데, 수제 식기 등의 잡화는 원가 60%가 표준입니다. 다른 업계의 원가율을 아시는 분 있나요?

C   식재료 도매업의 경우 원가율은 약 85%입니다. 재료의 원자재를 해외에서 조달해 제조사에 도매하는데, 최종 이익은 3% 정도 됩니다. 이른바 중간 유통이지요. 기본적으로는 제조사가 전부 매입합니다.

교사   역시 중간 유통은 재고의 리스크를 짊어지지 않는군요.

C   네, 맞아요.

교사   상사회사도 그렇지만, 이런 중간 유통은 이익이 낮아집니다. 리스크가 없는 만큼 마진을 올리기 어려워요. 중개료라고 표현하기도 합니다. 판매 수수료라는 뜻이죠. 반대로 판매에 리스크가 있는 경우에는 재고 리스크만큼 이익을 올리지 않으면 비즈니스가 성립되지 않습니다.

지난 강의에서도 언급했지만, 이렇게 원가율을 통해 사업 구조를 엿볼 수 있습니다. 일반 서점들이 원가율 80%로 운영하는 반면에 북오프는 원가율 25%로 돌리고 있습니다. 판매 리스크를 지고 있는 만큼 이익을 추가할 수 있는 거죠. 이처럼 북오프의 비즈니스 모델은 수익성이 높다는 점에서 주목을 받았습니다.

직원들의 동기 부여로
만드는 가치

교사 이어서 북오프가 어떻게 매출을 늘리고 있는지 주
목해 봅시다. 큰 요인으로 직원의 활약을 들 수 있습
니다. 직원에 따라 각 매장의 판매 실적이 크게 달라
집니다. 자료에도 "같은 북오프라도 평당 평균 월간
매출액은 직영점이 7만 엔, 프랜차이즈 가맹점은 5
만 엔으로 큰 차이가 났다"라고 나와 있네요.
북오프 말고도 이 비즈니스에 뛰어든 회사가 있었
지요. 그러나 북오프와 비교하면 아무래도 수익성이
낮았습니다. 그것은 비즈니스 모델에 이유가 있었습
니다. 전제가 되는 것이 북오프 직원들의 높은 의욕
입니다. 직원 모두 매우 높은 생산성을 내고 있지요.
그 이유가 무엇일까요?

D 매장 안의 책장마다 담당이 정해져 있기 때문입니

다. 담당제로 운영해서 각 직원에게 책임이나 의사 결정의 권한을 갖게 하는 것이 동기 부여로 연결되는 것 같습니다.

교사　책임과 권한은 매우 중요한 포인트입니다. 또 다른 이유가 있을까요?

E　아르바이트에게도 평등하게 승진 기회가 주어지기 때문입니다. 하시모토 마유미 전 사장이 최종적으로 경영의 최고 자리까지 올라간 것처럼 실적이 있으면 누구라도 승진할 수 있다는 점이 동기 부여로 연결된다고 생각합니다.

교사　네, 그것도 크지요. 또 있을까요?

F　가격 책정 방식이 간단해서 시간과 노력을 절약할 수 있어요. 그만큼 책장 배치 등의 중요한 업무에 시간을 할애할 수 있기 때문입니다.

교사　이 작업은 난이도도 딱 좋지 않나 싶습니다. 너무 복잡하고 어려운 업무라면 역시 아르바이트로 하는 것은 힘들지요. 그러나 책장 배치는 시행착오를 겪으면서 조금씩 노하우를 익힐 수 있습니다.

헝가리의 심리학자 칙센트미하이^{Mihaly Csikszentmihalyi}가 제창한 몰입 이론을 알고 계십니까? 그는 완전히 집중해서 기쁨을 느끼며 활동하는 상태를 '몰입 상태'라고 정의했습니다.[3] 먹고 자는 것을 잊을 정도로 무언가에 열중하는 몰입 상태가 되기 위해서는 조건이 있다고 합니다.

그중 첫 번째가 난이도입니다. 좀 어렵지만 열심히 하면 될 정도의 난이도일 것. 지나치게 쉬워도 안 되고, 지나치게 어려워도 안 됩니다.

두 번째는 피드백입니다. 해 놓은 일의 피드백이 즉각적으로 돌아오는 것인데요. 어떤 일을 해 놨는데 결과가 3년 후에 나온다면 집중할 수가 없겠지요.

세 번째가 바로 명확한 목적입니다. 목적이 명확한 활동을 하는 것인데요. 북오프 책장의 배치 담당제는 이런 조건들에 딱 들어맞습니다.

교사   이제 약간 관점을 바꿔 질문하겠습니다. 직원이 의욕적으로 일하면 어떤 업계든 실적이 향상될까요? 예를 들어 편의점에서 아르바이트하는 사람들이 의욕적으로 열심히 일하면 그 전과 매출이 크게 달라질까요?

G   편의점은 상품의 진열이나 운영 등의 기본적인 형식이 정해져 있어서 개개인의 능력 차이가 별로 나지 않아요. 그래서 동기 부여가 매출에 큰 영향을 주지 않는다고 생각합니다.

교사   그렇군요. 북오프의 경우 의욕적인 직원이 있으면 가치가 생기고, 그 가치가 이용객에게 닿아서 결과적으로 매출이 늘어난다는 인과관계가 있습니다. 매출에 임팩트가 있으면 인건비나 원가에 충당할 수 있고, 실적이 있는 직원을 승진 및 승급시킬 수 있습니다.

반면에 편의점은 직원이 의욕적이라고 해도 운영 방식은 거의 정해져 있습니다. 편의점 업계 쪽 이야기를 들어 보면 "점원에 따라 매출이 상당히 달라진다"라고 합니다. 북오프와 마찬가지로 직영 매장과 프랜차이즈 매장을 비교하면 매출에 차이가 있다는 거에요. 다만 북오프와 비교한다면 직원의 동기 부여가 매출에 미치는 영향은 별로 크지 않을 것입니다. 북오프 쪽이 분명 재량이 커서 동기 부여가 가치로 연결되어 매출을 끌어올리고 있습니다.

직원이 제시하는 가치 제안

교사　그러면 어떤 점이 이용객에게 가치로 이어질까요?

H　표현은 진부하지만 '고객이 쉽게 구매할 수 있는 책장'이라고 생각합니다. 드러그스토어의 선반이 깔끔하게 분할되어 있듯이 고객이 갖고 싶어 하는 장르의 책이 어디에 있는지 곧바로 알 수 있는…. 그런

가치가 있으면 고객은 다른 중고 서점이 아니라 북 오프에 가야겠다고 생각하지 않을까요?

교사　책장이 다른 매장보다 잘 구성되어 있고, 구매하기 쉬운 구조로 되어 있다는 거로군요. 그 점이 매출로 이어진다는 이야기네요.

Ｉ　그 선반 분할 말인데요. 경험이 풍부한 직원은 어떤 책이 잘 팔리는지 알고 있을 테니 그것을 반영해서 배치할 수 있을 것 같아요.

교사　판매를 반영해서 책장을 만든다는 말이군요. 북오 프는 책장을 지역 특성에 맞게 꾸리고 있습니다. 학 교 근처라면 학생이 사용하는 교과서나 전문서, 오 피스 거리라면 직장인이 읽을 만한 실용서가 잘 팔 리겠지요. 이렇게 판매를 반영해서 책장을 구축하 는 거예요.
현장에서 일하는 사람에게 들었는데, 낮과 밤의 선 반 분할을 바꾸는 매장도 있다고 합니다. 대단하지 요. 이동식 선반이라서 쉽게 바꿀 수 있다고 해요.

주간 고객층은 학생이나 주부가 메인이 되고, 야간에는 퇴근길 직장인이 증가하기 때문에 배치를 바꾸면 매출이 상당히 달라진다고 하더군요. 또 어떤 가치가 있을까요?

J   운영 효율이 좋아지면 매입한 책이 창고에 쌓이지 않아서 판매 기회를 놓치지 않습니다.

교사   그렇지요. 이것은 얼핏 사소해 보여도, 사실 굉장히 힘든 작업입니다. 매입한 책을 바로 선반에 진열하는 업무는 그야말로 속도전입니다. 중고 서적의 경우 특히 그런 경향이 강한데요. 중고 서적은 신선도가 중요하고, 단 며칠 만에 매력이 사라집니다. 안 팔리는 책은 계속 안 팔리게 되지요.
그래서 책을 매입하면 한시라도 빨리 선반에 올려놓아야 합니다. 또한 고객에게 매력이 전해지도록 책장 분할을 궁리해야 하고요. 그런 일도 직원이 책임지고 해야 하지요.

직원을 고객으로
파악한다

교사　이번에 여러분에게 전하고 싶은 것은 비즈니스 모
　　　델에서 인재를 활용하는 구조입니다. 1990년대 후
　　　반, 미국의 대기업 컨설팅 회사 맥킨지앤컴퍼니
　　　McKinsey & Company가 인재 영입과 육성에 관해 조사
　　　해서 〈War for Talent(인재 영입 경쟁)〉라는 논문을 발
　　　표했습니다. 기업 경쟁력을 유지하려면 이제는 매
　　　니지먼트 인재를 어떻게 영입해서 어떻게 육성하
　　　느냐가 중요하다고 이야기하고 있습니다. 그중에
　　　서 흥미로운 것이 인재가 다른 회사가 아닌 자사
　　　의 조직에서 일해야만 얻을 수 있는 독자적인 가치
　　　를 제시하는 것이 중요하다고 지적한 점입니다. 이
　　　것을 직원을 위한 직원 가치 제안EVP=Employee Value
　　　Proposition이라고 합니다.[4]

　　　즉, 기업 측이 직원을 선택해서 이용하는 것이 아니

라 인재 측에서 기업을 고를 수 있도록 기업이 가치 제안을 할 필요가 있다는 것입니다. 기존의 고용 관계에서 생각하면 이것은 상황이 정반대인 '코페르니쿠스적 전환Kopernikanische Wendung'이라고 할 수 있을 것 같네요. 기업에 있어 직원은 이미 가치를 제공하는 대상, 즉 고객이기도 합니다.

비즈니스 모델 캔버스를 이용해서 이 점을 생각할 때, 직원을 고객군에 두고 비즈니스 모델을 그리는 편이 실태를 파악하는 데 적절할 것입니다.

이것은 꽤 대담한 비즈니스 모델 활용법입니다. 지금까지 논의해 온 것처럼 직원이 상품 진열을 궁리하면 할수록 책을 사러 온 고객에게 매력적인 책장이 만들어지고, 그 결과 매출도 올라갑니다. 매출이 올라가므로 직원의 의욕도 높아지는 선순환이 생기는 것을 알 수 있습니다.

직원을 고객이라고 생각해도 문제가 없을까요? 그래서 여러분에게 물어보고 싶은데, '고객의 조건'이 무엇이라고 생각하세요?

KP 핵심 파트너	KA 핵심 활동	VP 가치 제안	CR 고객 관계	CS 고객군
	진열	싸다	셀프 서비스	책을 사고 싶은 사람
	판매	상품 진열이 좋다		
	매입	쉽게 팔 수 있다		책을 팔고 싶은 사람
	인재 교육		CH 채널	

KR 핵심 자원		
브랜드	성취감과 평가	매장
직원		출장 매입
매입 시스템		

(고객군 열: 아르바이트)

C$ 비용 구조	매입 비용 25%	R$ 수익 흐름	중고책 판매 매출

[도표27] 북오프의 비즈니스 모델(2) 직원을 고객으로 파악한다

K   돈을 내는 사람입니다.

교사   그렇지요. 하지만 그렇게 보면 북오프에 책을 팔고
싶은 사람은 고객이 아니게 됩니다. 사실 돈을 내는
것은 고객의 조건이 아닙니다. 예를 들어 여러분은

구글의 검색 서비스를 사용하지만 돈은 내지 않아요. 그래도 우리는 구글의 고객이지요. 다른 의견 있으십니까?

L   회사에 이익을 가져다주는 사람입니다.

교사   돈이 아니라 이익을 가져다준다, 그렇죠. 그렇게 정의하면 구글에서 검색하는 사용자는 광고 수익을 가져다준다는 의미에서 고객이 되겠네요.
그러나 이 정의라면 파트너도 자사에 이익을 가져다주는 고객이 됩니다. 파트너와 고객은 도대체 무엇이 다를까요?

M   고객은 우리의 사업이 가치를 만들어 내는 제공하는 대상입니다.

교사   그렇군요. 고객은 가치를 제공하는 상대입니다. 파트너는 어디까지나 부족한 활동과 자원을 지원하는 존재이지요. 또 있을까요?

N 　상품이든 매장이든 고객 쪽에 선택권이 있습니다.

교사 　최종적으로는 고객이 선택한다는 거로군요. 파트너 기업, 예를 들어 유니클로가 도레이Toray의 신소재를 사용할 때 기본적으로 유니클로가 도레이를 선택하는 관계가 됩니다. 하지만 고객들은 다양한 의류 회사들 중에서 유니클로를 선택하는 것이죠.

이것은 매장에서 일하는 직원들도 마찬가지예요. 어디에서 일할지는 각자의 의사에 달려 있습니다. 북오프에서 아르바이트를 하지 않아도 다른 기업에서 일해도 상관없어요.

그러나 북오프의 경우 직원에게 어느 정도 재량권이 주어지며 어떤 입장에서든 성과를 내면 좋은 평가를 받아 승진도 가능하기 때문에 업무에 열중할 수 있는 가치가 있습니다. 일반적인 단순 아르바이트보다 북오프 일이 더 보람이 있기 때문에 아르바이트 지원자가 늘어나는 것입니다. 이것이 바로 맥킨지가 지적한 부분입니다.

어제부터 비즈니스 모델의 구조라는 주제를 다루고 있습니다. 하지만 비즈니스 모델은 어디까지나 구조일 뿐입니다. 그것을 움직이는 사람이 없으면 비즈니스 모델이 기능하지 않지요.

여러분은 MBA를 취득해서 앞으로 매니지먼트 세계로 들어가게 됩니다. 그때 구조만 알고, 그곳에서 일하는 사람을 소홀히 하면 아마 그 기업은 오래가지 못할 것입니다. 인재의 활동이 가치로 이어지고, 그 가치에 따라 기업도 수익을 거두며, 그 수익으로 인재가 활약하는 무대가 넓어집니다. 그런 순환을 만든다는 관점을 절대 잊지 마시길 바랍니다.

도요타 vs 혼다,
비즈니스 모델의 차이

▶ <u>도요타</u>

도요타 자동차의 일본 내 시장 점유율은 그룹 전체에서 40%를 넘어 2014년에는 자동차 제조사로서 세계 최초로 판매 대수 1,000만 대를 실현한 톱 메이커다. 고급차 라인으로 시작한 렉서스도 성공을 거두어 톱 기업다운 풀 라인업을 갖췄다. 거기다 그것들을 전국에 퍼져 있는 딜러망으로 판매한다는 강점을 가지고 있다.

제조 과정에서는 계열이라고 하는 장기적이고 깊은 관계를 맺은 공급 업체군과 도요타 생산방식이라 불리는 간판 시스템 등 낭비 없는 생산 기법으로 높은 품질과 비용 우위성을 가지고 있다.

동시에 도요타 뉴글로벌 아키텍쳐TNGA라는 자동차 플랫폼의 공용화를 실시해 비용은 내리고 기본 성능은 향상하고자 한다. 또 환경을 생각한 하이브리드 차량이나 연료전지 자동차 등의 새로운 기술에도 적극적으로 투자하고 있다.

이런 도요타의 성공을 지탱하고 있는 것은 인재다. '물건 만들기는 사람 만들기'라는 생각을 바탕으로 인재 육성에 힘을 쏟고 있다. 중장기적인 관점으로 일을 통해 성장을 촉진하는 OJT(직장 내 교육 훈련) 교육은 일본 기업의 전형이라고도 할 수 있다. 문제의 진짜 원인을 추구하는 자세 등은 현장에서 길러지는 것이다. 그 뿌리에 있는 것은 '지혜와 개선', '인간성 존중'이라는 두 가지를 기둥으로 한 도요타웨이다. 직원의 성장과 회사의 성과를 연결하는 사고방식이 도요타의 발전을 지탱하고 있다.

도요타 글로벌 비전에는 전 세계의 생활과 사회를 풍요롭게 하기 위해 스스로 개혁하고, 사회적 책임을 완수하고자 끊임없이 개선을 추진하는 엄격한 기업의 모습이 나타나 있다.

도요타의 글로벌 비전

웃음을 위해. 기대를 넘어서.
사람들을 안전, 안심으로 운반하며
마음까지도 움직인다.

그리고 온 세상의 생활을, 사회를,

풍요롭게 해 나간다.

그것이 미래의 모빌리티 사회를 리드하는

우리의 생각이다.

한 사람 한 사람이 높은 품질을 만드는 것.

항상 시대의 한 발 앞에서 이노베이션을

추구하는 것.

지구 환경을 생각하는 의식을 계속 가질 것.

그에 앞서 기대를 넘어 고객과 지역에 웃음과

행복을 주는 도요타가 있다고 믿고 있습니다.

"지금보다 더 좋은 방법이 있다"는 개선의 정신과

함께 도요타를 지탱해 주는 여러분의 목소리에

진지하게 귀를 기울여 항상 스스로를 혁신하면서

높은 목표를 실현할 것입니다.

▶ 혼다

슈퍼 커브 모델로 큰 인기를 끄는 등 오토바이의 제조 판매로 성공을 거둔 혼다가 자동차 개발에 착수한 것은 1963년의 일이었다. 혼다는 후발주자였지만, 독특한 상품 개발과 F1 등에서 활약하면서 열렬한 혼다 팬을 얻었다. 고객의 브랜드 로열티가 높고, 라이프타임 오너십 로열티^{LOL} 전략 아래, 기존 고객은 라이프 스테이지에 맞춰 혼다의 다른 차종으로 계속 갈아타는 경우가 많다고 알려져 있다.

창업자인 혼다 소이치로本田宗一郎의 꿈이었던 항공기 개발은 자동차 개발과 같은 시기인 1960년대에 개발을 향한 정보 수집을 개시했지만, 혼다 제트Honda Jet가 시장에서 고객에게 선보여진 것은 그로부터 50년 이상이나 지난 2015년이었다. 창업자의 꿈에 따라 기업이 구동하고 있는 것이다. 연구 개발 부문이 1960년 혼다 기연공업에서 분리되는 형태로 주식회사 혼다기술연구소로 독립한 것도 다른 기업에 없는 특징이다. 상품 개발은 연구소에서 하고, 제조 및 판매는 본사가 역할을 분담했다.

기본 이념으로 '사는 기쁨', '파는 기쁨', '만드는 기쁨'이라는 3개의 기쁨을 내걸고 있다. 사업의 중심에 기쁨이 있다는 것은 혼다의 특징을 확실히 보여 준다. 또 문제가 생기면 자연스럽게 사람들이 모여 자유분방한 논의가 시작되는 '와이가야'라는 풍토가 있다.

2012년 '질까 보냐'라는 내용의 광고가 방영되면서 화제가 되었다. 혼다가 세상에 내놓은 역대 명차가 화면에 나오고,

마지막에 혼다 소이치로가 말했다는 "질까 보냐"라는 광고 카피로 끝난다. 이 광고는 혼다가 말하는 기쁨과 꿈이 그것을 달성하기 위한 고생이 있기에 빛난다는 것을 시사한다.

열심히 하면 언젠가 보상을 받고
계속 이어 간다면 꿈은 이루어진다.
그런 건 환상이다.
대부분 노력은 보상받지 못한다.
대부분 정의가 이기지도 못한다.
대부분 꿈은 이루어지지 않는다.
그런 일은 현실 세상에 흔하다.
하지만 그게 어때서?
출발은 거기서부터다.
기술 개발은 실패가 99%.
새로운 일을 하면 반드시 실패한다.
화가 난다.
그래서 자는 시간, 먹는 시간을 아껴서
몇 번이라도 한다.
자, 어제까지의 자신을 뛰어넘어라.
어제까지의 혼다를 뛰어넘어라.
질까 보냐.

도요타의 직원들이
만드는 가치

교사　　직원의 활약을 고객에게 하는 가치 제안으로 연결하는 비즈니스 모델의 예로 자동차 대기업 도요타와 혼다를 살펴보고자 합니다. 두 회사의 비즈니스 모델 캔버스를 작성해야 하는데, 만드는 방법에 조건을 하나 설정하겠습니다. 캔버스의 고객군에 기존의 고객 외에 직원도 넣는 것입니다. 그리고 그 직원에 대한 가치 제안을 기재해 주세요.

도요타의 차를 사는 사람들은 왜 도요타에서 구입할까요? 도요타에서 일하는 직원은 왜 도요타에서 일할까요? 각각의 입장에서 가치 제안을 생각해 보세요. 그러면 직원이 활약하면 할수록 가치가 만들어지는 논리가 보일 것입니다. 그리고 그에 따라 올라간 수익이 직원에게 환원되어 새로운 가치를 만들어 냅니다. 북오프에서도 이런 선순환을 볼 수 있었죠. 비즈니스 모델 캔버스를 그리면서 이 순환을 찾아보세요.

(※15분간 워크)

교사   그럼 도요타, 혼다 각각 한 팀씩 발표해 주세요. 일단 도요타 팀부터.

도요타 팀   우선 자동차를 구매하는 고객의 관점에서 비즈니스 모델을 생각했습니다. 차를 사는 사람에 대한 가치 제안이 몇 가지 있는데요. 첫째는 고장도 적고 운전하기 쉬운 높은 품질. 둘째는 손을 뻗기 쉬운 가격대. 셋째는 충실한 딜러망 등의 지원 체제입니다. 이것을 한마디로 말하자면 '안심'입니다.

그런 가치를 제공하기 위해서 고품질 제조와 개선 활동이 핵심 활동으로 들어가고, 핵심 자원에는 그것을 지탱하는 도요타 생산 방식의 노하우, TNGA 플랫폼을 넣었습니다. 핵심 파트너는 계열사입니다. 비용 구조는 1,000만 대라는 규모의 경제를 살린 원가 절감을 계속해서 도모하고 있습니다. 그중 하나가 TNGA 플랫폼입니다. 이 비용 절감으로 합리적인 가격 설정이 가능해집니다.

KP 핵심 파트너	KA 핵심 활동	VP 가치 제안	CR 고객 관계	CS 고객군
계열사	고품질 제조 개선 활동 환경 기술 개발	고품질 적절한 가격 서포트		전방위
	KR 핵심 자원 생산 노하우 TNGA		CH 채널 강력한 딜러망	

C$ 비용 구조		R$ 수익 흐름	
	규모의 경제에 따른 절감		손을 뻗기 쉬운 가격

[도표28] **도요타의 비즈니스 모델**

교사   감사합니다. 다시 질문하지만, 고객이 도요타 차를
　　　살 때 왜 도요타를 선택할까요? 이 중에서 혹시 도
　　　요타 차를 소유하신 분이 계신가요?

O　　　도요타는 매장 수가 많기 때문이에요. 유지 보수를
　　　생각했을 때 집 근처에 매장이 있는 업체가 편리하
　　　거든요.

교사   그렇지요. 안심도 되니까요. 또 다른 분은요?

P   저는 프리우스를 타고 있는데, 친환경이라서 선택했어요. 연비가 좋기도 하고요.

교사   도요타의 일부 차종은 연비가 좋아서 오래 타는 사람에게 경제적으로 유리하지요. 또 계신가요?

Q   '안심'이라는 이미지가 있어요. 그리고 도요타 자동차는 다양한 기능이 기본 옵션이라서 새로운 옵션을 장착할 필요가 별로 없는 것도 매력이었어요.

교사   아, 타사의 차량은 옵션을 붙이면 가격이 비싸지지만 기본 옵션으로도 어느 정도 고품질이 유지된다는 것이군요.
     이번에는 이런 가치가 직원의 활약으로 생겨난다는 것을 전제로 생각해 봅시다. 그 경우, 직원의 활동이 어떻게 가치에 기여하고 있을까요? 이 점을 파헤쳐 보겠습니다. 도요타의 사례에서는 어떻게 설명할 수 있을까요? 계속해서 도요타 팀 발표해 주세요.

도요타 팀	직원에 대한 가치 제안의 하나는 성장 기회입니다. 세계 최첨단이라고도 할 수 있는 제조 현장, 개발 현장에서 일하며 성장할 수 있습니다. 또 "미래의 모빌리티 사회를 리드한다"라고 도요타 글로벌 비전에도 나와 있듯이 사회에 보이는 사명감도 중요한 요소라고 생각합니다.

그러면 결과적으로 자동차를 사는 사람에 대한 가치 제공이 늘어납니다. 개선으로 품질을 향상하거나 사회에 미치는 임팩트가 큰 환경 기술의 개발은 이런 인재의 활약으로 실현할 수 있습니다.

교사	발표 감사합니다. 앞서 살펴본 북오프와는 다른 가치를 직원에게 제공하고, 그것이 도요타의 가치로 이어지고 있군요. 추가할 코멘트가 있으신가요?

R	도요타에는 QC서클(현장 직원이 자주적으로 제품이나 서비스, 업무 등의 품질을 관리하고 개선하는 그룹)이 있어 생산 현장을 개선합니다. 이런 현장의 견실한 개선 활동이 품질 향상으로 연결된다고 생각됩니다.

KP 핵심 파트너	KA 핵심 활동	VP 가치 제안	CR 고객 관계	CS 고객군
계열사	고품질 제조	고품질	셀프 서비스	전방위
	개선 활동	적절한 가격		도요타 사원
	환경 기술 개발	서포트		
	OJT	성장 기회		
	KR 핵심 자원	사회적 의의	CH 채널	
	생산 노하우		강력한 딜러망	
	TNGA			

C$ 비용 구조		R$ 수익 흐름	
	규모의 경제에 따른 절감		손을 뻗기 쉬운 가격

[도표29] **직원을 고객으로 한 도요타의 비즈니스 모델**

교사   일본의 생산 현장은 일반적으로 뛰어난 품질을 보
    인다고 합니다. 기술에는 연구 개발로 만들어지는
    기술 이외에 생산 기술이라는 영역이 있습니다. 어
    떤 복잡한 설계라도 생산 현장에서 어떻게든 대처
    하는 등 일본의 생산 기술은 높아요. 마을 공장에 세
    계적인 생산 기술이 있다는 이야기도 들은 적이 있

어요. 그런 점이 점점 고도화되어 갑니다. 이런 개선에 대해 추가로 설명할 사람이 있나요?

S   대략적으로 두 가지 포인트가 있습니다. 하나는 끊임없이 '왜?'를 묻는 분석 방법입니다. 발생한 문제의 근본적인 원인을 찾기 위해서 "왜? 왜?"라고 반복해서 질문하고, 파고드는 방법이에요. 이것을 아주 빠르게 돌립니다. 어떤 문제가 일어났을 때 현장 직원이 곧바로 모여 "왜?"를 물으면 공장이 정체되지 않고 돌아갈 수 있어요.

둘째는 '안돈Andon'입니다. 컨베이어벨트 등을 이용한 강제 구동형 생산 라인의 생산 상태를 보고하는 시스템이지요. 무슨 일이 일어나면 즉시 라인을 멈추고 보고하는 구조를 말합니다. 이것은 직원이 집합하는 계기가 됩니다.

교사   도요타 공장에 견학하러 가면 생산 라인이 자주 멈추는 장면에 놀라게 됩니다. 도요타라면 공장이 줄곧 효율적으로 돌아가고 있을 거라 생각하지만, 그렇지 않아요. 문제가 발생하면 안돈 시스템으로 즉시 경보를 울려 멈춥니다.

안돈이 켜지면 그곳에 직원들이 모여 조사하고 해결한 각자 제 위치로 되돌아갑니다. 이게 꽤 자주 일어나지요. 이렇게 주저 없이 멈추기 때문에 불량품이 나올 가능성을 억제할 수 있습니다. 문제를 가시화하는 거예요.

현장의 개선 활동에는 기본적으로 '문제가 일어나면 멈춘다'는 생각이 있어요. 그리고 라인을 멈출 수 있는 권한은 현장 사람들이 가지고 있고요.

경영진이 보기에 현장 직원이 생산 라인을 멈추는 것은 아주 조마조마한 일입니다. 그러나 현장에 권한을 이양해 책임감을 느끼게 하고 있어요. 현장에 자기 결정권이 있습니다. 문제가 생기면 자신들이 개선해서 라인을 움직이게 하는 식으로 즉시 피드백이 돌아옵니다. 그러면 현장이 점점 좋아진다고 실감할 수 있지요.

T   자동차를 구입하는 고객은 도요타에서 구입하면 품질뿐 아니라 유지 보수의 편리성, 직원의 대응 등으로 안심하게 됩니다. 직원은 자신의 일과 노력으로

고객에게 안심을 주고 있다는 보람을 느낄 수 있지요. 그런 사이클 자체가 도요타라는 브랜드 가치로 이어지는 것이 아닐까요?

교사 그렇군요. 고품질만이 아니라 다양한 형태에서 고객 가치로 연결되고 있네요.

U 세계적인 규모로 방대한 양의 차량을 생산하고 있으니 그에 걸맞게 사회적 책임이 있다고 생각합니다. 그 결과, 환경으로 가는 영향도 배려할 수 있는 가치가 생겨납니다.

교사 사회적 책임이라는 요소도 크지요. 도요타는 공장 견학 등으로 회사를 상당히 오픈하고 있습니다. 낭비 없는 생산 방식을 세상에 확산시키면 사회 전체가 좋아진다고 생각하기 때문입니다.

혼다의 직원들이
만드는 가치

교사　　다음으로 혼다의 비즈니스 모델에 대해 발표하겠습니다. 차를 사는 고객과 직원, 각각의 입장에서 분석해 주세요. 그럼 혼다 팀 부탁드립니다.

혼다팀　먼저 자동차 구매자의 비즈니스 모델부터 검토하겠습니다.

우선 혼다의 상품은 도요타의 안심감보다 독특한 상품에서 오는 설렘을 중시합니다. 기본 이념인 3개의 기쁨 중에 '사는 기쁨'을 제공하고 있습니다. 이 독특한 상품은 별도 법인으로 되어 있는 혼다기술연구소에서 나온 것으로, 파트너의 위치에 두었습니다. '와이가야'를 통한 문제 해결이나 창업자의 꿈이 자원으로 중요한 역할을 하고 있습니다.

혼다는 LOL^{Lifetime Ownership Loyalty} 전략을 내세우고

있습니다. 혼다의 자동차를 구매한 고객은 다음에도 혼다의 자동차를 사게 해서 대체율을 높여 갑니다. 고객과 높은 로열티로 연결되어 있어요.

딜러들은 '파는 기쁨'이라는 이념을 바탕으로 열심히 판매하지 않을까 생각했습니다.

교사　감사합니다. 그럼, 여러분께도 질문을 하고 싶네요. 이 중에서 혼다 자동차를 타는 분이 계신가요? 왜 혼다 차를 선택하셨나요?

V　저는 시빅을 타는데, 크기가 작아서 좁은 공간에서도 방향을 바꿀 수 있어 운전하기가 쉬워요.

교사　그렇군요. 계속 혼다 차를 타셨나요?

V　네, 계속 탔어요.

교사　혼다 팬이시군요. 또 다른 분?

W　저는 부모님께서 줄곧 혼다 차를 타셨기 때문에 자연스럽게 딜러를 소개받은 것이 계기가 되었어요.

KP 핵심 파트너	KA 핵심 활동	VP 가치 제안	CR 고객 관계	CS 고객군
혼다 기술 연구소	도전적인 연구 개발 와이가야	사는 기쁨 독특한 제품	높은 로열티	혼다 팬
	KR 핵심 자원		CH 채널	
	창업자의 꿈		열심히 하는 딜러	

C$ 비용 구조	R$ 수익 흐름	교체

[도표30] 혼다의 비즈니스 모델

친척들도 혼다에서 구입했고요. 우연히 저희 회사도
혼다 자동차를 사용하고 있기 때문에 사람의 연결
이라는 이유가 강합니다. 실제로 운전해 보니 성능
도 매우 훌륭하다고 느껴졌어요. 연비도 좋아서 만
족하고 있습니다.

교사　또 계신가요?

X　　　제가 아니라, 가업으로 함께 일하는 기술자분의 이
　　　　야기인데, 꽤 나이가 드신 분들도 혼다 차를 타고
　　　　싶어 하신다고 합니다.

교사　　왜일까요?

X　　　엔진 기술을 추구한다는 데 공감한다고 해요. 제조
　　　　분야 사람들은 혼다를 선호할지도 모르겠네요.

교사　　혹시 어떤 분야에 계십니까?

Y　　　설비 계열의 기계 기술자입니다.

교사　　같은 제조업 사람들의 공감을 일으키는 상품이네
　　　　요. 그러면 이런 혼다의 가치를 실현하는 핵심 활동
　　　　과 핵심 자원에는 어떤 것이 있을까요?

Z　　　기술연구소와 같은 부지 내에 제조 공장이 있어서
　　　　많은 연구원과 작업자가 연결된다는 점입니다. 연
　　　　구소와 생산 시설의 거리가 가깝다는 것이지요.

교사 혼다는 2011년의 동일본 대지진으로 도치기栃木에 있던 연구 개발 거점에 큰 피해를 입었습니다. 그것을 계기로 경차의 개발 기능을 생산 거점인 스즈카鈴鹿로 이전했고요. 이로 인해 개발 속도가 현격히 좋아졌어요. 역시 생산 부문과 R&D는 거리가 가까운 편이 좋다는 이야기가 나온다고 하네요.

혼다에는 다양한 입장의 사람들이 모여 시끌벅적하게 이야기하는 '와이가야'라는 문화가 있습니다. 이 커뮤니케이션에는 문제 해결만이 아니라 잡담도 포함됩니다. 도요타의 '왜?'를 분석하는 방식은 문제 해결을 위해 진짜 원인을 추구하겠다는 목적이 있으므로 이것과는 약간 다릅니다. 혼다는 커뮤니케이션을 긴밀히 하는 것이 목표입니다. 이 부분도 도요타와 혼다의 차이라고 할 수 있겠네요. 그 밖에 핵심 활동이 있나요?

A 혼다는 성능을 고집하는 차별화 전략을 채택하고 있습니다. 혼다만이 가능한 기술을 개발하기 위해 새로운 것에 적극적으로 도전하고 있어요.

교사 　가장 알기 쉬운 예는 케이스에도 있는 혼다 제트겠네요.

원래 혼다 소이치로는 최초로 동력이 달린 자전거를 개발했습니다. 오토바이의 원형이지요. 거기서 파생되어 자동차를 개발하고 양산에 들어갔습니다. 다만 혼다 소이치로의 최종 꿈은 '비행기를 띄우고 싶다'라는 것이었어요.

혼다 소이치로가 세상을 떠난 후에도 제트기 개발은 계속되었고 마침내 이루어졌습니다. 일반적으로 꿈이라면 경영 판단으로 사업을 통째로 접었겠지만, 혼다는 꿈을 성실하게 계속 좇는 점이 있지요. F1도 그렇고, 꿈을 좇은 결과 고성능이라는 강점이 나왔습니다. 기술자의 마음을 울릴 수 있는 비즈니스 모델을 보여 주고 있어요.

이쯤 되면 직원에 대한 가치 제안으로 이어질 것 같습니다. 그럼 다시 혼다 팀 여러분은 직원을 고객으로 두었을 때의 비즈니스 모델을 발표해 주세요.

KP 핵심 파트너	KA 핵심 활동	VP 가치 제안	CR 고객 관계	CS 고객군

KP 핵심 파트너 혼다 기술 연구소	KA 핵심 활동 도전적인 연구 개발 와이가야	VP 가치 제안 사는 기쁨 독특한 제품	CR 고객 관계 높은 로열티	CS 고객군 혼다 팬
	KR 핵심 자원 창업자의 꿈 기업 문화	만드는 기쁨 파는 기쁨	CH 채널 열심히 하는 딜러	혼다 사원
C$ 비용 구조		R$ 수익 흐름	교체	

[도표31] 직원을 고객으로 둔 혼다의 비즈니스 모델

혼다팀 기술자와 판매 직원에게 혼다의 기업 이념인 3개의 기쁨 중에 만드는 기쁨, 파는 기쁨이 직원에게 하는 가치 제안이 됩니다.

기술자는 '혼다다운 제품 개발'을 할 수 있어 독특한 제품을 제공할 수 있고, 판매원은 열심히 판매하는 일로 고객의 높은 로열티를 얻을 수 있습니다.

교사 　발표 감사합니다. 이 비즈니스를 어떻게 생각하시
　　　나요?

D 　　기술자는 자신이 만들고 싶은 것을 만들 수 있는 환
　　　경이 아주 큰 강점일 겁니다.

교사 　만드는 기쁨이군요. 자신의 꿈을 이룰 수 있는 곳에
　　　서 일하고 싶은 거예요. 그 밖에 또 있을까요?

E 　　도전 정신이 존중되어서 개발에 도전하는 것을 실
　　　현시켜 줍니다.

교사 　결코 대립하는 개념은 아니지만 도요타는 '성장'이
　　　라는 뉘앙스가 강한 반면 혼다는 성장보다 '도전'과
　　　'기쁨'에 더 큰 비중을 둡니다. 이 점이 달라요.
　　　이렇게 같은 자동차 제조사여도 직원에 대한 가치
　　　가 다릅니다. 그리고 그것이 기업의 가치 제안으로
　　　도 이어져요. 비즈니스 모델의 설계는 직원의 이런
　　　활동을 가치로 바꾸는 프로세스의 설계이며, 기업
　　　은 그런 직원의 활약으로 생겨나는 가치를 고객에

게 전달하는 다면 플랫폼이라고 할 수 있습니다.

다면 플랫폼이란 입장이 다른 다수의 고객을 만나게 해서 가치를 창출하는 비즈니스 모델입니다. 기업은 직원과 고객을 만나게 해서 가치를 창출하는 플랫폼인 것이죠. 회사를 흔히 사회의 그릇이라고 표현하는데, 단순히 고객과의 상거래만이 아니라 그곳에서 일하는 사람들을 포함한 사회적인 기관이기도 한 겁니다.

이어서 애플의 사례로 플랫폼을 배워 봅시다.

비즈니스 생태계와
제3세대 비즈니스 모델

애플의 비즈니스 모델 트랜스포메이션

사전 예습 문제

1. 애플의 아이폰 비즈니스 모델은 앱스토어 개설
   이전과 이후 어떻게 변화했는가? 두 개의 비즈
   니스 모델 캔버스를 그려 차이점을 지적하라.

이노베이션의
수·파·리 모델

교사　여기에서 이노베이션의 프로세스를 생각해 보고자 합니다. 크리티컬 코어의 논의에서도 있었듯이 새로운 비즈니스 모델을 창출하려면 업계의 상식적인 비즈니스 모델에 부분적으로는 비합리적인 요소를 넣는 것도 필요합니다. 그 후에 부분적으로 비합리적인 요소를 전체적으로 합리적으로 되도록 재조합하게 됩니다. 저는 이 프로세스를 이노베이션의 '수·파·리'로 정리하고 있습니다.[5]

먼저 '수(守)'의 '구조화'입니다. 각 업계에는 이런 식으로 경영하면 사업이 성립된다는 표준 비즈니스 모델이 있습니다. 이것은 이미 정해진 형식으로, 먼저 이 형식을 배워야 합니다. 하지만 그것만으로는 경쟁 우위를 구축할 수 없지요.

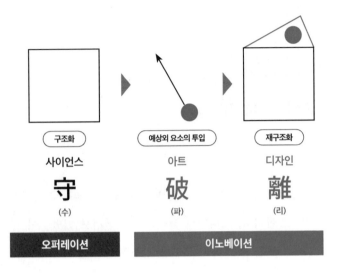

사이언스   아트   디자인

守   破   離

(수)   (파)   (리)

오퍼레이션   이노베이션

[도표32] 이노베이션의 수·파·리 모델

그렇다면 어떻게 해야 할까요? 틀을 깨야 합니다. 이것이 '파(破)'의 프로세스, '예상외 요소의 투입'입니다. 구조 밖에 있는, 구조를 부술 수 있는 요소를 던져 넣는 것입니다. 앞에 나온 표현을 쓰자면 '부분 비합리'입니다. 키엔스로 말하자면 낮은 가격인데도 직판 영업을 하는 것이지요.

이 부분 비합리는 그대로 가면 비합리적인 것으로 구조를 망가뜨립니다. 따라서 구조가 깨지지 않도록 구조를 다시 만들어야 합니다. 그것이 '리(離)'의 '재구조화'입니다. 키엔스로 말하자면 컨설팅 영업을 통해 고객사의 현장에 들어가 고객의 문제를 파악하고 타사에 없는 제품을 기획할 수 있었고, 그 결과 고수익을 올릴 수 있었습니다. 여기서 새로운 구조가 탄생합니다. '리'는 기존 사업의 구조에서 벗어나 새로운 구조가 생겨난다는 뜻입니다.

사고방식으로 말하자면 '수'는 사이언스형 사고입니다. 사이언스는 재현성을 중시합니다. 과학적으로 검증된다면 그 현상은 도쿄에서 실험하든 뉴욕에서 실험하든 똑같이 재현되어야 합니다. 이게 사이언스입니다. 이것은 '형식'이라는 의미에서도 마찬가지입니다. 형식을 배우면 어느 정도의 레벨까지 도달할 수 있다는 것이 재현성의 특징입니다.

이것은 이른바 PDCA를 돌리는, 완성된 형식을 더욱 정교하게 만들어 가는 프로세스이기도 합니다. 점점 정교한 구조를 만들어 가는 것이지요. 일본 기업들은 이를 자랑으로 여겨 왔습니다.

'파'는 아트 사고입니다. 지금까지 세상에 없어서 주변 사람들이 깜짝 놀랄 만한 것을 만들면 새로운 개념이 생겨납니다. 그것이 '아트'예요. 사물을 보는 방법을 바꾸는, 이른바 '리프레이밍Reframing' 등으로 불리는 접근법입니다. 컵에 물이 반 정도 들어 있을 때 절반을 마셨다고 보는지, 절반이 남았다고 보는지에 따라 의미가 달라집니다.

예를 들어 미술에서 인상파는 괴테의 색채학을 받아들여, 원색을 점으로 찍는 식으로 다양한 색채를 표현했습니다. 그것은 당대 화단에 큰 반발을 불러왔습니다. 결과적으로 회화 표현을 크게 넓히는 데 기여했지만요. 디자인에는 최적의 해답이 있었던 것에 비해 아트는 상식을 뒤집는 리프레이밍을 노리게 됩니다.

게다가 '리'는 그런 아트에 의한 새로운 관점을 현실에 안착시키는 '디자인 사고'입니다. 예를 들어 예술 분야에서 새로운 추상화가 유행했다고 합시다. 10년, 20년 지나면 어떻게 될까요? 그 추상화의 모티브가 옷이 되거나 인테리어가 되어 모두가 즐길 수 있게 됩니다. 이건 디자이너의 일이지요. 그때는 찬반양론이던 추상화도 사회 속에 잘 수용됩니다.

'디자인 사고Digital Thinking'라는 말을 처음 서명으로 사용한 피터 로위Peter Rowe는 도시 계획이나 건축 디자이너의 사고 과정을 꼼꼼하게 따라가면서 그 특징을 지적하고 있습니다. 디자이너는 아이디어를 스케치하면서 동시에 여러 사람의 의견에 귀를 기울여 아이디어를 짜냅니다. 만들면서 생각하고, 또 생각하면서 만들어 가는 시행착오의 과정에서 최적의 답을 찾아갑니다. 현실의 안착점을 끈기 있게 살펴가는 모습을 그립니다.6

이노베이션을 일으키려면 이런 프로세스가 필요합니다. 우선 업계의 표준적인 비즈니스 모델을 구조로 파악하는 '수', 거기에 예상외의 요소를 던져 넣는 '파', 그리고 그것을 구조로 재조합하는 '리'. 그 단계를 의식해서 이 강의에 임해 주시기 바랍니다. 이번에 다룰 케이스는 애플입니다. 뛰어난 디자인 가치를 제안하는 회사이며, 동시에 기존에 없던 새로운 디바이스를 개발하는 아트를 실현하는 회사이기도 합니다. 그 애플의 비즈니스 모델의 전환을 살펴봅시다.

앱스토어가 애플에 가져온 새로운 가치

스티브 잡스Steve Jobs가 자기 의견을 철회하자 설득에 나섰던 아서 레빈슨Arthur Levinson은 가슴을 쓸어내렸다. 앱스토어를 통해 서드파티Third party(제품의 제조사나 계열 회사를 제외하고, 그 제품에 호환되는 상품을 출시하거나 파생 상품을 생산하는 회사-역주) 앱이 판매되면서 아이폰의 기능이 크게 확장될 것으로 전망했기 때문이다.

2007년에 발매한 아이폰은 처음에는 애플의 순정 애플리케이션만 사용할 수 있는 사양이었고, 그것은 최고의 고객 경험을 제공하려는 스티브 잡스의 고집이었다. 마음에 들지 않는 서드파티 앱이 제공되는 것은 잡스의 미학이 허락하지 않았던 것이다.

하드웨어부터 소프트웨어까지 한꺼번에 디자인하는 애플이기 때문에 실현할 수 있는 사용감에 대한 고집은 윈도우

Windows라는 OS만을 제공하고 다른 회사들에게 하드웨어를 만들게 한 마이크로소프트Microsoft의 전략과 달랐다. 잡스는 1997년에 잠정 CEO로 복귀한 뒤 곧장 파이오니아Pioneer, 모토로라Motorola 등이 제조하고 있던 매킨토시Macintosh 호환 기기에 대해 OS 라이선스 공여를 중단했다.

이처럼 정품 애플리케이션을 고집하는 잡스와 달리 다른 경영진은 애플의 정품 앱만 고집하면 서비스의 확대에 한계가 올 것이라고 생각했다. 구글도 같은 스마트폰의 개발을 진행하고 있었기에 경쟁에서 차별화를 도모하기 위해서라도 서드파티를 꼭 끌어들여야 했다.

그런 판단에는 2003년에 아이튠즈 뮤직스토어iTunes Music Store(후에 iTunes Store로 개명)의 성공이 베이스가 되었다. 음악을 제공하는 서드파티의 참가로 아이튠즈 스토어는 큰 점유율을 얻었고, 아이튠즈와 제휴하는 아이팟iPod도 그 점유율을 유지할 수 있었다.

사용자의 편리한 사용을 지원하는 OS에는 자사 제품을 고집하면서도 콘텐츠나 애플리케이션은 서드파티의 참가를 빼놓을 수 없다. 2008년 7월에 아이폰 앱용 앱스토어가 개설되자 아이폰이 제공하는 고객 가치는 높아졌고, 아이폰은 한층 더 도약하기 시작했다. 앱스토어가 가치 창출의 새로운 원천이 되어 애플의 비즈니스 모델이 크게 전환할 것을 레빈슨은 예견하고 있었다.

애플의 비즈니스 모델 전환, 다면 플랫폼

교사 이번에 다루는 애플의 비즈니스 모델은 다수의 고객에게 대응하는 다면 플랫폼이 특징입니다. 다면 플랫폼의 예로는 검색하는 사람과 광고주를 연결하는 구글의 비즈니스 모델 등이 있습니다. 서로 입장이 다른 고객을 플랫폼상에서 만나게 해서 가치를 창출하는 비즈니스 모델인 것입니다. 앞에서 살펴봤던 북오프도 책을 파는 사람과 사는 사람 모두를 고객으로 한 다면 플랫폼이었지요.

우선 앱스토어가 개설되기 이전의 비즈니스 모델을 살펴봅시다(도표33). 대형 소매점 등을 통해 사용자에게 아이폰을 판매하는, 그야말로 제조사라 할 만한 비즈니스 모델입니다. 애플다운 편리한 사용은 있지만 이대로라면 안드로이드Android에 따라잡힐 것입니다.

KP 핵심 파트너	KA 핵심 활동	VP 가치 제안	CR 고객 관계	CS 고객군
	개발, 제조	편리한 사용	장기적 관계	사용자
	KR 핵심 자원		CH 채널	
	브랜드		대형 소매점	

C$ 비용 구조	R$ 수익 흐름
제품 개발 제조비	기기 매출 / 콘텐츠 매출

[도표33] 앱스토어 개설 전 애플의 비즈니스 모델

교사 여기에 앱스토어가 추가되면 비즈니스 모델이 어떻게 바뀔까요?

A 먼저 고객군은 아이폰 사용자와 더불어 앱 개발사가 됩니다.

교사 맞아요. 다면 플랫폼이 됩니다. 그럼 각각의 가치 제안은 어떻습니까?

A 사용자에게는 많은 앱을 사용할 수 있는 편리성, 앱 개발사에는 많은 사용자에게 접근할 수 있다는 점이 됩니다. 고객 관계는 꾸준히 반복해서 이용하면서 장기적으로 바뀝니다. 이는 앱 개발사와 관련해서도 마찬가지입니다. 채널은 앱스토어, 핵심 활동에는 플랫폼 관리가 더해지고 비용에도 시스템 관리비가 들어갑니다(도표34).

KP 핵심 파트너	KA 핵심 활동	VP 가치 제안	CR 고객 관계	CS 고객군
	개발, 제조	편리한 사용	장기적 관계	사용자
	플랫폼 관리			
	KR 핵심 자원	판매 기회	CH 채널	앱 개발사
	브랜드		대량 판매점	
	두터운 유저층		앱스토어	

C$ 비용 구조		R$ 수익 흐름	
제품 개발 제조비		기기 매출	
시스템 관리비		콘텐츠 매출	

[도표34] **앱스토어 개설 후 애플의 비즈니스 모델**

교사 감사합니다. 이렇게 애플은 사용자와 앱 개발사를 연결하고 있습니다. 사용자는 편리한 사용 등을 이유로 아이폰 제품을 선택하고, 콘텐츠 회사는 많은 사용자에게 접근할 수 있어서 애플을 선택하죠. 콘텐츠가 풍부하기 때문에 사용자들은 지속적으로 아이폰을 사용하고, 앱 개발사도 그렇게 연결된 사용자들이 있기 때문에 애플의 플랫폼을 계속 사용하는 것입니다.

다면 플랫폼에는 이런 상호 관계가 있습니다. 이것을 네트워크 효과(네트워크의 외부성)라고 부릅니다. 시스템 자체는 변하지 않는데, 사용자가 많아질수록 앱 개발사는 매력을 느끼고, 콘텐츠가 많이 제공되면 사용자에게도 아이폰의 매력이 증가합니다.

이런 연결을 생각할 때 앱 개발사가 의식적으로 어떤 활동을 해야 사용자에게 이점이 생겨날까요?

B 앱스토어에서 앱을 제공하면 사용자는 요금 결제를 일원적으로 할 수 있으므로 앱을 사용하는 심리적인 장벽이 낮아집니다. 그러면 앱 회사는 사용자를 획득하기 쉽지요.

교사 그렇군요. 앱스토어는 안드로이드에 비해 신용카드를 등록하고 있는 계정이 매우 많습니다. 이 사례에서는 2008년으로 한정하고 있기 때문에 앱이라고 하지만, 그 이전의 음악 서비스에서도 원스톱으로 구매하는 구조를 도입했기 때문에 앱 구매도 원활히 도입할 수 있었습니다. 또 있을까요?

C 앱 회사가 아이폰용 앱을 개발하면 사용자의 전환 비용을 낮출 수 있습니다. 아이폰 앱과 안드로이드 앱은 프로그램 언어가 서로 다릅니다. 그래서 아이폰 앱은 쉽게 안드로이드로 변환할 수 없지요. 그러면 아이폰에서만 사용할 수 있는 앱이 계속 축적되어 갑니다. 아이폰 전용 앱을 사용자가 계속 사용하면 안드로이드로 옮겨 갈 동기가 줄어듭니다. 한마디로 고객을 확보할 수 있는 겁니다.

교사 아이폰 앱 개발에는 애플에서 제공하는 스위프트Swift라는 언어를 사용합니다. 이 언어의 특징은 개발의 용이성에 있다고 알려져 있어요. 2017년 6월, 와카미야 마사코若宮正子라는 80대 여성이 미국 애플이 개최하는 세계 개발자 회의 'WWDC 2017'에 세계 최고령 여성 개발자로 특별 초대되었던 일이 화제가 된 적이 있었습니다.[7] 혼자서도 어느 정도 공부하면 개발할 수 있고, 이처럼 개발이 쉽기 때문에 앱이 증가하는 것은 중요한 요소입니다. 이렇게 선택지가 많아지면 아이폰 사용자는 굳이 안드로이드로 옮길 필요가 없습니다. 여기에도 네트워크 외부성에 의한 선순환이 일어나고 있네요. 또 다른 건 어떨까요?

D   앱이 자주 갱신되기 때문에 품질이 높다고 느껴집니다. 구체적으로 사용이 편리해져요.

교사   맞아요. 거기에 더해서 보안의 강화라는 점도 있지요. 앱스토어는 앱 심사 기준이 굉장히 까다롭거든요. 앱스토어에서 제공하는 앱만 설치할 수 있기 때문에 보안이 취약한 앱이 제공될 확률이 낮다고 할 수 있습니다. 이렇게 플랫폼을 확실히 관리해서 사용자가 안심할 수 있다는 가치를 창출하고 있죠.
이처럼 애플은 비즈니스 모델을 크게 전환했다고

말할 수 있습니다. 기존에는 하드웨어 제품을 개발, 판매하는 비즈니스 모델이었지만, 지금은 음악이나 앱의 플랫폼을 만들어 사용하기 쉽고 안전성이 높은 앱을 제공하는 것으로 사용자 수와 이용료를 늘리는 비즈니스 모델로 바뀌고 있어요. 이제 하드웨어 회사가 아니라 서비스 회사로 거듭나려고 하는 겁니다.

비즈니스 생태계에
적응하기

이런 비즈니스 모델의 전개를 사회 시스템론의 논의를 근거로 정리하면 뒤에 나오는 도표35와 같습니다.

이것은 '지식 창조'라는 맥락으로 정리된 것인데, 그대로 비즈니스 모델에 따른 가치 창조 이야기로도 사용될 수 있습니다. 시스템의 가장 간단한 조직 모델 중에 1970~80년대의 '고전적 열역학 모델'이라는 것이 있습니다. 기본적으로 외적 환경 변화에 대응해서 따라가는 모델입니다. 쉽게 떠올릴 수 있는 것은 에어컨의 자동 온도 조절기가 있네요. 외부 공기가 더워지면 차갑게 하고, 차가워지면 중지하는 것처럼 외부 환경에 맞게 온·오프를 전환하면서 외부 환경 변화에 대응합니다.

이러한 고전적 열역학 모델은 1970~80년대에 볼 수 있는 경영 모델이었습니다. 가장 알기 쉬운 사례가 오일 쇼크입니다. 휘발류 가격이 오르자 일본 자동차 회사들은 연비가 좋은 소형차를 북미에 수출했습니다. 외적 변화에 대응하기 위해 학습하고 따라가는 모델입니다.

그런데 90년대에 들어서자 사정이 달라졌어요. 여기에서는 후지필름을 예로 들겠습니다. 1990년대 중반에 디지털 카메라가 등장했습니다. 당시에는 카시오CASIO의 QV-10처럼 25만 화소로 매우 화질이 낮은 제품이었습니다. 그런데 이것이 급격히 개선되자 2002년 후지필름Fuji Film의 사내에서 "이제 사진 필름 사업에 앞날은 없다"라고 예견했습니다. 이제 필름의 질을 높이거나 가격을 내려도 디지털 카메라를 이길 수 없다는 거예요. 따라가는 것이 아니라 조직 자체를 바꿔야 했지요. 후지필름은 사진 필름 기술을 수평 전개해서 액정 텔레비전 필름, 그리고 스마트폰용 필름, 나아가 화장품과 의료품 등에 응용해 갔습니다.

이렇게 외적 환경의 변화를 받아들여 조직 자체도 바뀌어 가는 경영 모델을 '자기 조직화 모델'이라고 부릅니다. 환경에 맞게 스스로 진화해서 자기 형성해 가지요. 후지필름에 비해 코닥Kodak은 유감스럽게도 새로운 조직으로 자기 조직화하지 못했습니다.

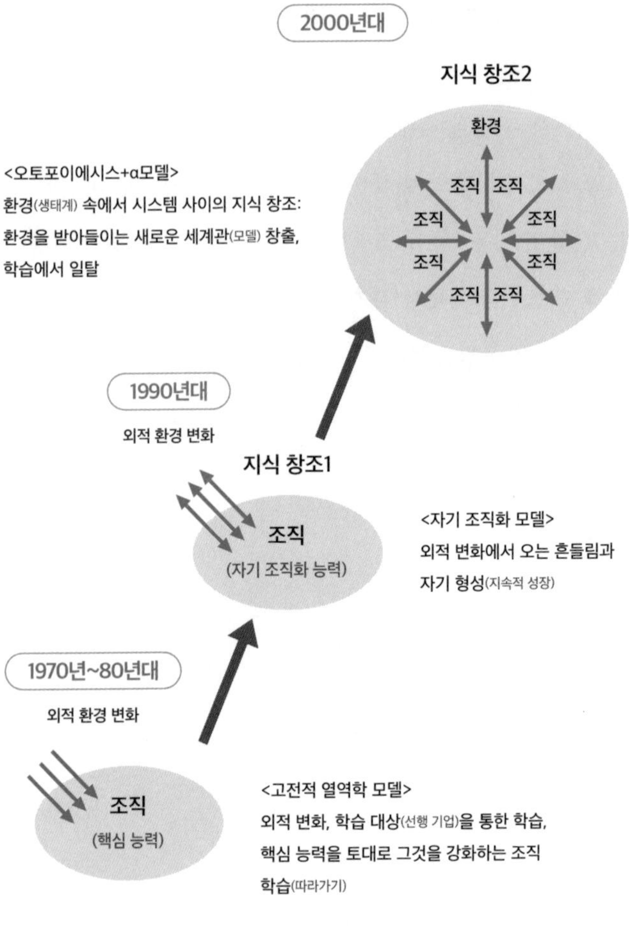
2000년대
지식 창조2
환경
조직
<오토포이에시스+α모델>
환경(생태계) 속에서 시스템 사이의 지식 창조:
환경을 받아들이는 새로운 세계관(모델) 창출,
학습에서 일탈
1990년대
외적 환경 변화
지식 창조1
조직
(자기 조직화 능력)
<자기 조직화 모델>
외적 변화에서 오는 흔들림과
자기 형성(지속적 성장)
1970년~80년대
외적 환경 변화
조직
(핵심 능력)
<고전적 열역학 모델>
외적 변화, 학습 대상(선행 기업)을 통한 학습,
핵심 능력을 토대로 그것을 강화하는 조직
학습(따라가기)

[도표35] 사회 시스템의 변화와 지식 창조

2000년대에 들어서자 '오토포이에시스+α모델'이 나왔습니다. 오토포이에시스라는 말은 조금 어렵지만, 오토(자기)를 포이에시스(창출)한다는 제3세대의 시스템으로, 원래 생물학의 개념이었던 것이 사회학으로 전개된 것입니다. 지금까지의 시스템이 외부와 내부로 나누어 환경을 파악하고 있었는데, 여기에서는 그런 경계가 모호합니다. 애플을 예로 들자면, 자사라는 내부만으로 끝내는 것이 아니라 다양한 다른 조직, 음악 회사, 영화 회사, 방송국, 콘텐츠 제공자, 그리고 앱 개발사 같은 타사와 파트너가 되어 가치를 함께 만들어 내는 모델입니다.

이때, 전에는 외적 환경이라고 불렸던 것이 내외의 구별을 하지 않는 '생태계'라고 불리게 되었습니다. 자기 자신도 환경의 일부로 환경을 형성하고 있는 겁니다. 요즘 경영자들은 생태계라는 말을 자주 사용합니다. 자사에서만 가치를 만들어 내는 자급자족의 시대가 아니라는 문제의식이 생겨난 것입니다. 오픈 이노베이션Open Innovation(기업의 내부만이 아니라 외부에서 기술과 아이디어를 받아들여 다양한 제품과 서비스를 만들어 내는 것-역주)도 이런 오토포이에시스+α모델로 평가됩니다.

한 가지 예를 들어 보겠습니다. 아마존 에코Amazon Echo라는 스마트 스피커가 있습니다. 여러분들 중에 스마트 스피커를 사용하는 분이 얼마나 계신가요? 많지 않네요. 여러분, 이제 좀 더 새로운 도구를 사용합시다. 미국에서는 2018년에 세대 보급률이 40%를 넘었습니다. 아마존 에코에 '스킬'이라는 전용 앱을 설치하는 기능이 있는데, 예를 들어 피카츄의 스킬을 넣으면 피카츄가 말을 해 줍니다. 아이들이 아주 좋아하겠지요.

어떤 숫자를 소개하겠습니다. 일부러 오래된 데이터를 가져왔는데, 발매 직후인 2016년 말에 스킬은 1,000개 정도밖에 되지 않았습니다. 그것이 불과 몇 달 후인 2017년 2월에는 8,000개를 넘어섰습니다.

마침 미국에서 세계 최대 규모의 전자제품 박람회 CES가 개최된 시기였습니다. 그 타이밍에 맞춰 많은 회사가 아마존의 음성 AI인 알렉사^{Alexa}와 제휴하려고 다양한 스킬을 개발했습니다. 예를 들어 LG의 냉장고는 "알렉사, 우유 구매해 줘"라고 냉장고에 말하면 2시간 안에 집까지 배달해 줍니다. 그런 기능을 실제로 설치했어요.

만약 아마존이 스킬을 자기 부담으로 만든다면 어떻게 될까요? 단기간에 8,000개나 개발할 수는 없을 것입니다. 그래서 음성 AI 시스템을 자유롭게 사용할 수 있는 개발 환경을 무상 제공해서 스킬을 갖춘 것입니다. 이렇게 무수한 스킬이 많은 회사를 통해 개발되었습니다. 그런 폭넓은 제휴로 아마존 에코는 현재 스마트 스피커 중에서 가장 큰 점유율을 보이고 있습니다.

지금까지 자사에서 구축하는 비즈니스 모델을 이야기했습니다. 그러나 최근에는 더 큰 스토리를 그리기 위해 다양한 파트너와 함께 공동 창조하는 생태계 구축이라는 발상이 요구되고 있어요. 우리는 무의식중에 디바이스가 아니라 플랫폼을 선택하고 있기 때문입니다.

예를 들어 구글은 안드로이드를 무료로 제공하고, 그 콘텐츠의 광고로 수익을 얻는 모델입니다. 아마존도 킨들이라는 디바이스를 저렴하게 제공하면서 콘텐츠로 돈을 버는 시스템을 구축했습니다. 이걸 보면 어느 곳도 제품 하나로 승부하고 있지 않네요. 제품에 수반되는 콘텐츠나 서비스를 묶어서 경쟁하고 있어요.

다음 5강에서는 이런 생태계 구축의 최전선 중 하나인 모빌리티 서비스에 대해 논의하고자 합니다.

미래를 위한
시나리오 플래닝

도요타가 직면한 미래의 모빌리티 시나리오

사전 예습 문제

1. 도요타 자동차의 비즈니스 모델은 앞으로 어떻게 변화할까?
   미래에 있을 법한 비즈니스 모델을 구상해서 현 상황과의 차이를 지적하라.

2. 자동차 업계의 미래에 대해 어떤 시나리오를 생각할 수 있을까?
   시나리오 플래닝 방법으로 4개의 시나리오를 기술하고, 각각의 비즈니스 모델을 그려 보자.

다이내믹 케이퍼빌리티로
비즈니스 모델을 다시 짜다

교사 　방금 여러분과 논의한 애플의 케이스는 다음에 생
　　　　각할 도요타의 케이스로 연결되는 도입부입니다.
　　　　도요타는 지금 플랫포머가 되려고 합니다. 앞으로
　　　　어떤 비즈니스 모델로 변모해 갈지 딱 그 기로에 서
　　　　있는 타이밍이죠. 아직 아무도 그 답을 갖고 있지 않
　　　　아요.

　　　　여러분의 업계에서도 그런 상황에 놓여 있는 회사
　　　　가 적지 않을 겁니다. AI, 빅데이터, IoT 등 다양하
　　　　고 기술적인 진화가 많은 업계에서 압력으로 작용
　　　　하고 있을 것입니다. 디지털 트랜스포메이션Digital
　　　　Transformation이라고 불리기도 하는데, 그 흐름을 탈
　　　　수 있는지가 기업의 생존 조건이 되고 있습니다. 이
　　　　런 상황에서 어떤 식으로 미래의 비즈니스 모델을
　　　　구상하면 좋을까요? 그 과정을 체험해 봅시다.

이때 지금까지 해 온 논의와 다른 점이 있습니다. 이제까지 비즈니스 모델의 내부, 즉 기업 측에서 제어 가능한 요소에 대해 논의해 왔습니다.

그러나 기술의 진전이나 법 개정, 니즈의 변화, 경쟁의 참가, 거시 경제의 변화 등 기업을 둘러싼 환경에 점점 변화가 생깁니다. 비즈니스 모델 구축을 마스터하려면 이런 외적 환경 변화에 대응할 방법을 생각해야 합니다. 이번에는 그런 변화에 대응하기 위한 '시나리오 플래닝'이라는 기법을 배울 텐데요. 시나리오 플래닝의 역사적인 경위를 알고 계신 분이 있나요?

A 석유회사 셸Shell이 석유 위기를 예측하고 대책을 세우면서 발상했다고 들었습니다.

교사 맞아요. 석유업은 장치 산업입니다. 굴착부터 정제까지 기계를 사용하기 때문에 막대한 설비 투자가 필요하지요. 예전에는 석유 공급량이 계속 상승해서 누구나 이대로 계속 오를 것이라고 예상했습니다. 석유 회사들은 설비가 한계에 도달하기 전에 거액을 투자해서 설비를 증강하는 일을 반복했어요. 그런데 석유의 지배권이 선진국에서 석유 산유국으로 이동하고, 제4차 중동전쟁을 계기로 산유국들은 석유 생산량을 줄이고 가격을 대폭 인상하기로 결정했습니다. 설비 과잉이 된 회사들은 단숨에 실적이 악화되었지요.

이때 셸은 시나리오 플래닝을 통해 전략을 세웠습니다. 석유 공급량이 급감하는 미래가 있을 수 있으므로 그에 대비하기 위해 어떻게 해야 할지 고민했지요. 그 결과 설비 투자를 억제해 실적에 받는 충격을 피한 것입니다. 비즈니스 모델도 마찬가지입니다. 다양한 외적 환경 변화에 대응할 수 있도록 뜻밖의 미래를 예상해 두어야 합니다.

이런 외부 환경의 변화에 대응하는 능력을 최근에는 '다이내믹 케이퍼빌리티Dynamic Capability'라고 부릅니다. 다이내믹 케이퍼빌리티란 '동적 역량'이라고 번역되는데, 비즈니스 모델의 요소를 재편하는 능력을 말합니다. 비즈니스 모델을 상황 변화에 맞추고, 내부 자원을 재조합하여 전략적 경쟁 우위를 만드는 능력입니다. 앞에서 경영 전략 흐름의 케이퍼빌리티파가 있다고 설명했습니다. 내부 자원(케이퍼빌리티)으로 수익성이 바뀐다는 사고방식입니다. 다이내믹 케이퍼빌리티는 이 상위 개념이며, 케이퍼빌리티를 변형하는 능력입니다.

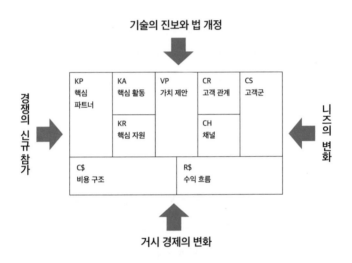

[도표36] 비즈니스 모델을 둘러싼 환경

다이내믹 케이퍼빌리티는 대략 3개의 능력으로 분류됩니다. 첫 번째는 감지Sensing, 어떤 일이 일어날 것 같은지 감지하는 능력입니다. 두 번째는 포착

Seizing, 감지한 변화를 포착하는 능력입니다. 세 번째는 변혁Trans-forming, 변화를 포착한 다음 자사의 비즈니스 모델을 바꿔 가는 능력입니다. 시나리오 플래닝은 석유 위기를 맞은 셸이 그러했듯이 환경 변화를 감지해 그것을 기회로 포착해서 비즈니스 모델을 변혁해 가는 기법입니다.[8]

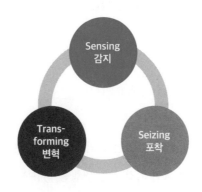

[도표37] 3개의 다이내믹 케이퍼빌리티

여기에서 여러분에게 질문을 하겠습니다. 예를 들어 여러분이 자신의 회사에서 시나리오 플래닝을 한다면 그 이유를 어떻게 설명하겠습니까? 시나리오 플래닝을 하는 이유에 대해서 생각나는 의견을 발표해 주세요.

B   요즘 외부 환경이 크게 변화하고 있으므로 이에 대응해야 해요. 더욱 장기적인 시점이 필요하다고 설명하겠습니다.

교사   모든 업계에서 외부 환경이 변하고 있어요. 그 대응을 임시변통이 아니라 장기적인 전략을 강구하기 위해서 한다는 거네요. 또 있을까요?

C   최악의 경우를 생각해서 실제로 일어날 수 있는 범위를 확인해야 합니다.

교사   발생할 수 있는 범위를 알면 대처할 수 있지요. 그러면 그런 외적 환경 변화는 허용 범위가 되겠네요. 다른 의견 있으신가요?

D   실제로 변화가 일어났을 때 움직이기 쉽도록 어느 정도 사전 준비를 한다는 목적도 있다고 생각해요.

교사   충격에 대비하는 거로군요. 제가 시나리오 플래닝을 쓸 때는 주로 경영진에게 위기감이 없을 때입니다. 과거의 경험, 특히 성공 경험에 사로잡혀 변화를 정확히 파악하지 못할 때, 혹은 경영진뿐만이 아니라 현장에 위기감이 없을 때 이 기법을 사용하면 효과적입니다. 여러분은 위기감이 없다고 느낀 적이 있습니까?

E   어느 공립병원의 이야기인데, 적자가 나면 지역 행정에서 보전해 줍니다. 그런데 시골이라 저출산 고령화가 진행되고 있어 나중에 행정 자체가 뒤집힐 가능성도 제로는 아닙니다. 그렇게 되면 병원이 없어지는 게 아닐까 싶지만, 어떤 논의가 진행되지는 않더군요.

교사   사회보장제도에 의지할 수 없게 되는 건 시간문제라고도 하니까요. 그런 점에서 위기감이 없다고 할 수 있지만, 설득하기 어려운 것이 실정이지요. 또 있을까요?

F   제가 다니는 회사는 종합건설회사인데, 이미 경영위기를 몇 번이나 경험했어요. 그런데도…….

교사   변하지 않는다는 거군요?

F   맞아요. 회사에 아직 자금 여유가 있다고 생각하는 사람이 많아서 위기감이 전혀 없는 상황입니다. 또 같은 일이 반복되지 않을까 싶어요.

교사   그렇군요. 말씀 감사합니다. 이 시나리오 플래닝은 미래를 예측하는 것이 취지가 아닙니다. 이 점에 주의해야 해요. "80% 확률로 이런 일이 일어날 것이다"라고 예측하는 것이 아니라 오히려 예상치 못한 사태에 대비하기 위한 방책입니다.

사업이 순조로울 때는 상관없지만 예기치 못한 문제가 발생했을 때는 신속히 대책을 세워야 합니다. 무슨 일이 일어난 뒤에 대응하는 것이 아니라 사전에 대비해 두는 것이 필요하죠. 다만 구체적으로 어떤 일이 일어날지는 알 수 없습니다. 여기서 시나리오 플래닝이 진가를 발휘합니다.

여러분이 지적한 것처럼 기업 내에서 예상외의 변화에 위기감이 적은 경우가 많습니다. 무심코 지금처럼 일상이 지속될 것처럼 생각하고 말지요. 이것

은 사실 인간의 습성으로, '정상성 편향Normalcy bias'
이라고 부릅니다. 동일본 대지진 때도 전날 쓰나미
경보가 울렸음에도 별로 큰 쓰나미가 오지 않아서
피난이 늦어졌다는 지적도 있었습니다. 경영에서도
큰 변화가 오려고 하는데 그것을 눈치 채지 못하거
나 때마침 무시하는 일이 발생합니다. 그런 것을 피
하는 것이 시나리오 플래닝입니다. 그게 가장 큰 목
적이지요. 조금 전에 소개한 셸의 사례도 여기에 해
당됩니다.

그리고 최근 시나리오 플래닝의 새로운 역할이 주
목되고 있습니다. 그런 예측할 수 없는 사태에서 새
로운 비즈니스 모델의 가능성을 탐색하고, 새로운
미래를 출현시켜 나가는 역할입니다.

예측할 수 없는 사태에 대비한다
↓
새로운 미래를 출현시킨다

[도표38] 시나리오 플래닝의 목적

구체적인 프로세스는 다음과 같습니다. 케이스를 통해 이 흐름을 체험해 봅시다.

이번 시나리오 플래닝 워크숍에서는 불확실한 미래에 관련된 4개의 시나리오를 예상한 후 각 시나리오에 대응하는 비즈니스 모델의 가설을 작성합니다. 그 비즈니스 모델은 물론 예측할 수 없는 사태에 대응하려는 것인데, 그런 새로운 비즈니스 모델 구축이라는 대처 자체는 수동적이 아니라 주체적입니다. 새로운 미래를 출현시키기 위한 주체적인 대처를 이끌어 내는 방법으로 시나리오 플래닝을 파악하고자 합니다.

워크 1   현재 기로에 놓여 있는 결정을 특정한다.
워크 2   결단에 영향을 줄 키팩터를 찾는다.
워크 3   키팩터에 영향을 주는 원동력을 찾는다.
워크 4   두 축을 정하고 4개의 시나리오를 그린다.
워크 5   스토리의 기승전결을 만든다.

도요타 자동차의
비즈니스 모델은 어떻게 될까

도요타 자동차가 e-팔레트^{e-Palette}의 구상을 내놓은 때는 2018년 1월이었다. 전자제품 박람회 CES에 출전한 도요타 자동차는 그동안 외부에 전혀 알려지지 않았던 e-팔레트의 콘셉트 무비를 공개했다. 이 영상 속에서 e-팔레트라고 불리는 박스형 자율주행 전기 자동차가 점포가 되거나 사무실이 되기도 하는 정말 신기한 광경이 그려졌다.

이듬해인 2019년에는 실제로 움직이는 프로토타입이 완성되어 2020년의 도쿄 올림픽·패럴림픽에서 대회장 사이의 이동을 위한 20인승 자율주행차로 선보일 예정이었다.

그리고 2020년 1월에는 '우븐 시티^{Woven city}'의 건설 계획을 발표했다. 그곳에는 드디어 e-팔레트가 본래의 다목적 자동차로 운행되는 미래상이 제시되었다. 자동차를 소유하는 것이 아니라 서비스로 이용하는 MaaS^{Mobility as a Service}, 스마트

홈, AI 등을 도입한 새로운 실증 도시를 구상한 것이다.

이런 구상의 인프라로 모빌리티 서비스 플랫폼의 구축이 진행되고 있었다. DCM^{Data Communication Module}이라는 전용 통신기를 자동차에 설치하고, 거기에서 나온 데이터를 빅데이터로 넣어 둔다. 그 데이터를 각종 서비스 회사가 활용하는 것이다. 앞으로 도요타 자동차는 이런 인프라를 제공하는 플랫포머로 자리매김하려고 한다.

이와 같이 기존의 자동차 제조사로 해 왔던 역할과 전혀 다른 새로운 역할을 맡은 기업으로 크게 변모하고 있다. 도요타 자동차는 이대로 자동차를 제조·판매하는 제조사의 비즈니스 모델을 계속 유지해야 할까? 그렇지 않으면 각종 모빌리티 서비스의 플랫폼 사업자로 비즈니스 모델을 크게 전환해야 할까?

워크 1 │ 현재 기로에 놓여 있는 결정을 특정한다

교사   먼저, 기점은 자사입니다. 자사가 현재 안고 있는 과제를 명확하게 하고, 미래를 향해서 자사는 지금 어떤 결정을 해야 하는지 생각하는 것이 출발점이 됩니다. 셀을 예로 들자면 그대로 설비 투자를 진행해야 하는지 결단의 기로에 서 있는 것입니다.

> 자사는 <미래>를 향해
> <지금> 어떤 결정을 내려야 하는가?

도요타 자동차의 케이스를 이용하여 설명해 보겠습니다. 현재 케이스에서도 있었듯이 도요타 자동차만 판매하지 않게 되었습니다. 그런 상황에서는 결단해야 할 일이 많을 것입니다. 여기서 잘못 결정하면 경영이 악화될 우려가 있지요. 결정할 때는 다양한 미래를 예상해야 합니다.

그렇다면 여러분에게 질문 드리겠습니다. 지금 도요
타가 YES인지 NO인지 결단해야 할 일이 있다면 어
떤 사항일까요? 특히 찬반양론이 갈릴 만한 결정이
무엇일까요?

W 앞으로 장기적으로 자동차를 계속 제조·판매해야
하는지, 그 결정이 아닐까요?

교사 그건 엄청난 결정이 되겠네요. 지금까지 쌓아 온 공
급망을 무너뜨리는 판단이니까요.

G 자동차 자체보다도 모빌리티 서비스에 더 적극적으
로 투자할지 결단하는 일입니다.

교사 맞아요. 그것도 큰 결단이에요.

H 자동차의 에너지원에 대해서입니다. 지금은 수소연
료 방침이지만 그 밖의 새로운 에너지의 가능성을
모색할 것인지 결단해야 해요.

교사 　전기 자동차를 선택할 것인가, 수소연료 엔진을 선택 할 것인가. 그런 결정의 기로에 있다는 거군요. 또 있을까요?

I 　자동차 이외의 제품을 개발할지도 결정해야 합니다. 예를 들어, 로봇을 개발할 가능성도 있지요.

교사 　모빌리티 이외의 분야도 전개한다는 결정이 되겠네요. 계속 이야기해 봅시다.

J 　주요 시장이 원래 선진국이었으나 신흥국으로 옮겨 가야 하는지도 결정해야 해요.

교사 　자동차 판매의 연장이라는 점에서 신흥국은 아직 인프라 관계로 판매가 주가 될지도 모르겠네요. 다른 의견 있으세요?

K 　자사 부담으로 할지 아니면 파트너와 할지 결정해야 합니다.

교사   구체적으로 이른바 GAFA(구글, 애플, 페이스북, 아마존)나 BATH(바이두, 알리바바, 텐센트, 화웨이)라고 불리는 IT기업과의 제휴를 결정해야 하는 상황일 가능성도 크지요. 의견 감사합니다.

이와 같이 시나리오 플래닝을 할 때는 지금 기로에 놓인 결정을 우선 특정해 봅니다. 본래는 이런 과정에 시간을 오래 들이지만, 오늘은 일단 여기까지 하겠습니다.

워크 2   결단에 영향을 줄 키팩터를 찾는다

교사   이런 결단을 내릴 때 사람은 무의식중에 어떤 특정한 사고방식으로 판단하게 됩니다. 셸을 예로 들면 '이대로 석유 산출량이 계속 증가할 것이다'라는 사고방식입니다. 이런 과거의 상식이 예측할 수 없는 사태가 일어났을 때 판단을 틀어지게 합니다.

시나리오 플래닝의 목적은 이런 현재 상태의 사고방식을 객관적으로 검토하고, 외적 환경이나 미래의 가능성을 고려한 다음 사고방식을 진화, 업데이트하는 것입니다.

이런 사고방식을 업데이트하기 위한 프로세스를 도표37의 세 가지 다이내믹 케이퍼빌리티에 맞게 정리하면 아래 도표와 같이 됩니다.

Sensing 감지	현재의 결단에 영향을 주는 키팩터, 원동력을 추출한다
Seizing 포착	불확실하고 임팩트가 큰 시나리오 드라이버의 두 축을 선택한다
Trans-forming 변혁	시나리오 드라이버에 따라 생긴 4개의 시나리오를 보고 비즈니스 모델을 진화시킨다

[도표39] 다이내믹 케이퍼빌리티의 시점에서 파악한 시나리오 플래닝의 프로세스

우선 지금의 결단에 영향을 주는 키팩터를 찾아볼 텐데, 키팩터에 대해 구체적으로 설명하겠습니다.

도요타의 경우 가장 찬반양론이 갈리는 결정은 '제조'일 것입니다. 지금까지 철저하게 개선을 거듭해 고도의 제조 노하우를 구축해 왔는데요. 이런 제조의 강점을 손에서 놓을 수 있을지 판단하는 것은 찬반이 갈릴 수밖에 없지요.

만약 여러분이 타임머신을 가지고 있고, 미래의 상황을 내다볼 수 있다면 무엇이 알고 싶을까요? 그점을 알고 있으면, 망설임 없이 결정할 수 있는 요소가 있을 것입니다. 그런 요소를 키팩터Key Factor라고 부릅니다.

예를 들어 환경 문제로 인한 대기 오염 상황을 알면 재생 에너지 보급에 대한 확증을 얻을 수 있고, 결단하기가 쉬워집니다. 대기 오염이 심해진다는 것을 알고 있으면 재생 에너지로 방향을 바꿀 것이고, 그렇지 않으면 현재의 화석 연료 사용을 유지하겠다고 결정하게 되지요. 이런 의사결정에 직결되는 정보입니다.

그러면 미래의 어떤 것을 알았으면 좋겠는지 이야기하실 분이 있나요?

L   인구가 어느 곳에 집중되는지 알고 싶어요. 그러면
        자동차를 사용하지 않는 사회, 소유하지 않는 사회
        가 되어 있는지를 알 수 있으니까요.

교사   그렇군요. 도시 지역으로 인구가 더욱 집중될까요,
        아니면 지방으로 분산될까요? 실제로 교토京都 대학
        과 히타치HITACHI가 공동으로 미래 시나리오를 시뮬
        레이션했는데, 현재는 인구 집중과 지방 분산, 둘 다
        가능성이 충분하다고 합니다. 만약 지방 분산이 진
        행되는 미래라면 개개인에게 자동차가 필요해지겠
        네요. 인구 집중이 진행되면 소유하지 않아도 될지
        모릅니다. 철도나 버스 등으로 대체할 수 있을 테니
        까요. 심지어 자율 주행 버스가 운행되어 활성화되
        면 자가용이 필요 없어질 수도 있어요.
        키팩터는 어떤 기준점이 있어서 그것보다 올라가는
        지 내려가는지, 늘어나는지 줄어드는지 판정할 수
        있는 정량적인 것으로 설정해 주세요. 예를 들어 '고
        급차가 필요한가?'라는 키팩터가 거론되었다고 합
        시다. 이대로는 조금 모호하므로 '자동차의 평균 구
        입 금액이 300만 엔을 넘는가?'라는 식으로 판정

기준이 되는 수치를 함께 제시합니다. 이러면 백인
지 흑인지 판정할 수 있습니다.
그럼 다른 키팩터가 있을까요?

M　　제조 기술이 범용화되어 누구나 자동차를 만들 수
있는 상태인지 알면 좋겠어요.

교사　　구체적으로 내연 기관에 비해 제조가 쉽다고 하는
전기 자동차로 이동한다는 이야기인가요?

M　　전기 자동차만이 아니라 제조 기술이 전체적으로
발달해 도요타의 우위성이 없어질수록 모든 업체가
고퀄리티의 자동차를 만들게 되지 않을까요?

교사　　모빌리티 기술의 범용화 여부군요. 확실히 자동차
제조사가 아니어도 모빌리티 기술을 개발할 수 있
는지 어떤지는 불투명한 점이 있습니다. 좋은 지적
이에요.

워크 3 키팩터에 영향을 주는 원동력을
찾는다

교사 　그럼 계속해서 원동력을 살펴보겠습니다. 원동력은
키팩터의 변동에 영향을 주는 외부 환경 요인입니
다. 이쪽도 키팩터와 마찬가지로 변동을 측정할 수
있는 것으로 설정해 주세요. 각 요소의 영향 관계를
표시해 두겠습니다.

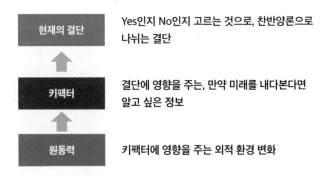

[도표40] 각 요소의 영향 관계

원동력은 이른바 PEST^{Politics(정치), Economy(경제),} ^{Society(사회), Technology(기술)} 분석이라고 생각해도 됩니

다. 예를 들어 AI 기술이 어떻게 진보해 나갈지, 공유 경제가 진행될지, 석유 연료 자원의 동향은 어떻게 될지, 저출산 고령화는 얼마나 진행되는지, 이런 이야기입니다. 다양한 외부 환경 요인이 키팩터에 영향을 줄 것입니다. 예상할 수 있는 원동력을 써봅시다.

실제 워크숍에서 나온 아웃풋

워크 4 두 축을 정하고 4개의 시나리오 그린다

교사　이번에는 지금 나온 키팩터와 원동력에 우선순위를 매깁니다.

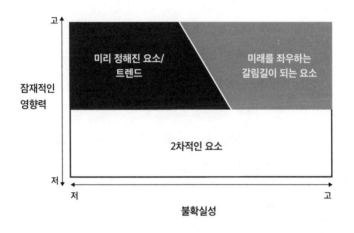

[도표41]　요소의 우선순위 부여

세로축은 '잠재적인 영향력'으로 합니다. 예를 들어 'AI 기술이 급속히 진보한다'라는 원동력은 높은 레벨에서 자율 주행이 실현될 가능성을 높이기 때문에 도요타의 의사 결정에 매우 큰 임팩트를 줍니다.

그래서 잠재적인 영향력이 높다고 판단합니다.

이에 더해 가로축은 '불확실성'입니다. 오른쪽으로 갈수록 불확실성이 큽니다. 예를 들어 인구 집중의 진행에는 다양한 가능성이 있지만, 느낌상 진행되는 방향으로 갈 것 같네요. 즉, 불확실성은 별로 높다고 할 수 없습니다. 중간쯤에 놓아 둡시다.

'잠재적인 영향력'과 '불확실성'의 두 축에서 요소를 생각하면 도표41과 같이 3개로 나눌 수 있습니다. 우선 아래 절반의 '2차적인 요소'는 잠재적인 영향이 매우 낮은 요소이므로 시나리오 플래닝을 할 때 무시해도 됩니다. 반대로 윗부분은 굉장히 중요하지요. 상단 왼쪽의 '미리 정해진 요소/트렌드'는 잠재적인 영향력이 크고 불확실성은 낮은 부분입니다. 세상이 이미 반영한 부분이기 때문에 확실하게 예측할 수 있는 세계입니다. 상단 오른쪽 '미래를 좌우하는 갈림길이 될 요소'는 잠재적인 영향력은 크지만 불확실성도 큽니다. 어떻게 될지 모르지만, 영향력이 크기 때문에 무시할 수 없습니다.

이와 같이 우선순위를 부여해 주세요. 그룹마다 한

장씩 모조지를 나눠 드릴 테니, 세로축과 가로축을
그린 뒤 요소를 써 놓은 포스트잇을 적절한 위치에
붙여 봅시다.

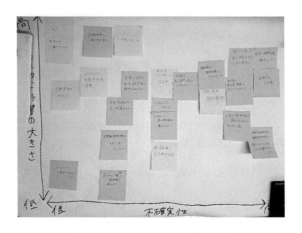

실제 워크숍에서 나온 아웃풋

교사   그러면 나열한 요소 중에서 잠재적인 영향력이 크
고 불확실성이 높은 요소, 즉 오른쪽 상단에 해당하
는 것을 2개 선택합니다. 또 각각 독립된 요소를 선
택해 주세요. 상관관계가 있으면 시나리오를 제대
로 그릴 수 없어요. 4개의 시나리오가 되지 않고 두
가지로 수렴되어 버립니다.

자, 그럼 이쪽 팀의 두 축을 들어 봅시다.

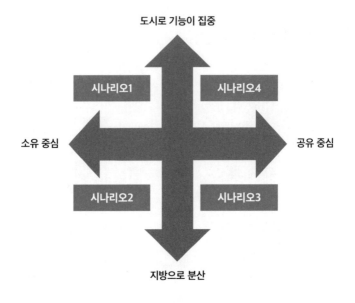

[도표42] 4개의 시나리오

발표팀 하나의 축은 자동차의 소유 혹은 공유, 다른 한 축
       은 인구의 도시 집중 혹은 지방 분산입니다.

교사   지금 일본에서 카셰어링은 주류를 이룰 정도는 아
       니지만, 서서히 보급되고 있습니다. 다만 이대로 널
       리 보급될지는 불확실성이 높아 찬반양론이 갈립니

다. 게다가 지금의 도요타가 의사를 결정하는 중요한 포인트이지요. 카셰어링이 보편화되어도 사람들이 소유를 고집하는 자동차를 계속 만들어야 하는지 의문입니다. 의사 결정과 직결되는 축이네요.

그다음 인구가 도시에 집중할지, 지방으로 분산될지는 모빌리티 서비스를 전개하는 데 상당히 중요한 축이 됩니다. 가령 도시 지역의 공공 교통 기관에 서비스를 제공해야 할까요? 아니면 지방을 연결하는 장거리 기간 모빌리티 같은 곳이 중요해질까요? 의사 결정이 크게 달라질 듯합니다.

구체적으로 살펴봅시다. 도표에서 오른쪽 상단의 시나리오4를 예로 들어 보겠습니다, 인구가 도시에 집중되고, 더해서 자동차 공유가 증가하는 세상은 어떤 것일까요?

발표팀 극단적인 이야기지만, 자동차 수가 상당히 줄어든다는 게 아닐까요?

교사 현재 95% 정도의 자동차가 주차장에 세워져 있고, 달리고 있는 것은 5%뿐이라고 합니다. 이 수치도

역전될 것 같아요. 95%의 차가 계속 움직이고, 멈춰 있는 차가 5%인 세계. 그런 경우 단순 계산을 하면 자동차 대수는 20분의 1로 감소합니다. 자동차가 격감하는 세상이 될 것입니다. 당연한 추론으로 도요타의 자동차 판매도 20분의 1이 되겠지요.

발표팀 그렇게 되면 생산 사업을 축소하고 다른 사업을 생각해야 합니다.

교사 틀림없이 그렇게 되겠지요. 만약 생산하고 이익을 올리는 것을 생각하면, 생산 설비의 집약이 필요하겠지요. 이미 도요타는 다이하쓰, 히노, 스바루, 마쓰다, 스즈키 등의 회사와 제휴하고 있습니다. 축소 균형인 업계는 이렇게 점점 집약해 가지 않으면 살아남을 수 없습니다. 그쪽을 향해 도요타의 경영진은 큰 결단을 촉구당하고 있을 것입니다.

이 사례에서는 자동차의 매출이 격감하는 세상이 보였습니다. 그렇다면 이에 대응을 할 수 있어요. 다만, 현장의 사람들은 그 미래를 별로 예상하고 있지 않을 것입니다. 경영진이 자신들의 생각을 조금 자

제하고 재구성해서 세상을 보면 새로운 가능성이
보일 겁니다. 이것이 시나리오 플래닝을 실시하는
큰 의의가 됩니다.

워크 5 · 스토리의 기승전결을 만들다

교사　지금부터는 기본적으로 기승전결을 생각하면서 이
　　　야기를 만들어 갑니다.

기 시나리오 축을 바탕으로 어떤 세계가 생겨나는지 기술한다

승 '기'의 세계가 생긴 결과 어떤 일이 일어나는지 인과관계를 의식해서
새로운 세계를 기술한다

전 새로운 세계에 어떤 과제가 생겨서 어떤 결단의 기로에 놓이는지 기술
한다

결 새로운 세계의 과제에 대처하기 위한 결단과 그 대응을 기술한다

[도표43]　시나리오의 기승전결

먼저 '기'에서 시나리오의 축을 바탕으로 어떤 세계가 일어나는지를 기술합니다. 그 축에 어떤 사건이 일어나면 어떤 세계가 되는지 솔직하고 자세히 쓰는 것이 '기' 부분입니다.

좀 전의 도요타 축을 이용해 '기'를 생각해 봅시다. 인구는 지방 분산이 진행되었고, 셰어링 서비스가 더 보급되어 모두 자동차를 소유하지 않고 공유하게 되었다는 시나리오3을 다루겠습니다. 이때 어떤 일이 일어날지 생각나는 것을 말해 보세요.

N   셰어링 서비스가 보편화되면서 판매 대수가 줄어들게 됩니다.

교사   이 시나리오에서도 차량 대수가 줄었다고 말해도 될까요?

N   다만 지방 분산이 진행되기 때문에 셰어 차량의 대수가 꽤 많이 필요하고, 공유 거점도 많이 필요합니다. 그렇게 되면 대수는 줄어들지 않을지도 모르겠네요…….

교사   좀 전의 시나리오에서는 적어진다고 단언했지만, 지방 분산의 시나리오라면 줄어들지 않을지도 모른다는 거군요. 그런 상상력도 필요하지요. 분산되어 살고 있는 사람들을 매일 자동차로 다양한 곳에 이동시킬 필요가 생기니까요. 어쩌면 지금까지보다 차를 사용하는 사람이 많아져 많은 차가 왕래하는 풍경은 지금 이상이 될 가능성도 있겠어요.

한편으로는 '라이드 셰어Ride Share(목적지가 같은 자동차 운전자와 합승하기 희망하는 사람을 매칭해 주는 서비스-역주)'라는 도시의 합승 서비스도 예상됩니다. e-팔레트도 그렇지만, 소형 버스와 같은 것입니다. 이것을 지방에서 전개하면 어떻게 될까요? 셰어링 서비스가 보급된다고 해도 자동차의 대수가 많아질지 적어질지 상상력을 발휘해서 생각해 봅시다.

이어서 '승'입니다. '기'의 세계를 바탕으로 그 세계가 어떻게 변화해 가는지 기술합니다. '기'의 세계에서 한 걸음 더 나아가는 느낌입니다. 어떤 시장 환경이 될지, 자동차 업계는 어떻게 되어 갈지 상상해 보세요.

O   앞에서 자가용이 줄어든다는 N씨의 발언을 듣고, 중고차를 셰어 차량으로 제공하는 매칭 서비스가 나오지 않을까 생각했습니다.

교사   제조사는 어떻게 될까요?

O   셰어링 전용 차량을 개발할 수도 있습니다. ID를 등록해 이용하는 자동차를 만들지도 모르겠네요. 나머지는 지역에 따라 단거리, 중거리, 장거리 등 거리별로 자동차를 나눌 필요도 있습니다.

교사   그렇군요. 이제까지 쓰던 차종과는 다른 새로운 카테고리가 생겨날 것 같네요.

O   지금까지는 소유를 위한 자동차를 만들고 있었지만, 셰어링 서비스가 보급되면 다른 사람이 함께 타게 되므로 취향보다 이용 목적을 우선하는 차가 개발되는 게 아닐지…….

교사   네. 물론 단계별만이 아니라 목적별 서비스도 나올 겁니다. 캠핑을 가는 사람, 잠시 동네를 이동하고 싶은 사람, 고급차를 사용하고 싶은 사람, 특정 차종을 타고 싶은 사람 등 다양한 목적에 맞춘 셰어링 서비스가 나오겠지요.

또한 지방 분산이라는 건 기본적으로 차로 장거리를 달리는 것입니다. 그렇게 되면 비행기처럼 퍼스트 클래스, 비즈니스 클래스, 이코노미 클래스 등 셰어링에도 등급별 서비스가 나올지도 모르겠네요.

부유층은 셰어링 서비스라도 여유롭게 자동차로 이동할 수 있게 됩니다. 자동차 소유 자체가 지위의 상징이 아니라 셰어링 서비스의 등급으로 평가된다면 지금까지의 고급차도 소유가 아니라 서비스로 계속 남을 가능성도 있습니다.

다음은 '전'입니다. '기'와 '승'의 세계에서 도요타가 어떠한 과제에 직면해 어떤 결단의 기로에 놓여 있는지 보는 단계가 '전'이지요. 인구는 지방으로 분산되고 , 셰어링 서비스가 확대되는 세계입니다.

여기서 주의할 점이 하나 있는데, 무심코 현재의 비즈니스 모델이 머릿속에 남아서 "셰어링 서비스가 보급되어도 여전히 자동차를 소유하고 싶은 사람이 있다"라고 전개되는 경우입니다. 다들 웃으시는 군요. 정말입니다. 지금까지의 사고방식이 강렬하게 남아 있어요.

예전에 어느 출판사에서 시나리오 플래닝을 실시한 적이 있습니다. "종이책은 전자책으로 대체된다"라는 시나리오를 검토하고 있는데, 점점 "그래도 종이책은 사랑을 받으니 일정량 거래된다"라고 전개되더군요. 그것은 소망일 뿐입니다.

여기에서는 어디까지나 그 시나리오의 축에 따라서 '소유하지 않는다, 모두가 공유한다'라는 시나리오를 따릅니다. 도요타 입장에서는 조금 안 좋은 미래일지도 모르지만, 오히려 그런 상상하고 싶지 않은 미래이기에 푹 빠져서 생각하는 것이 중요해요.

P　셰어링으로 여러 사람이 한 차를 타게 되었기 때문에 사건이나 사고 등 예기치 못한 사태가 발생할 수 있습니다. 또한 깨끗하게 사용하지 않는 사람이나 사용 후에 휘발유를 가득 채워 놓지 않는 사람이 있어서 관리가 어려워지는 문제도 있을 수 있지요.

교사   여기에 도요타는 어떠한 대응을 촉구 당할까요?

P   저는 커넥티드 카의 스토리를 떠올렸습니다. 원격
       으로 연결해서 휘발유가 줄어들면 경고하는 기능을
       탑재합니다. 혹은 도난이나 사고가 발생하면 보험
       서비스의 확충을 생각해야지요. "전 사용자의 사용
       방식은 어땠습니까?"라는 설문조사를 해서 사용자
       를 평가하고, 등급을 매기는 여신 관리 서비스를 전
       개합니다.

교사   맞아요. 셰어링에 관련된 문제, 예를 들어 도난이나
       사고, 청소 문제는 이미 현재의 셰어링 서비스에서
       직면하고 있고, 해결하려고 하고 있지요. 그러나 여
       기에서는 이런 세계가 더 진행된 결과, 도요타가 새
       롭게 직면하는 의사 결정상의 과제를 생각해 보고
       자 합니다.

P   어렵네요…….

교사   이외에 의견 있으신가요?

O   셰어링 이코노미가 되면 도요타가 재고를 가지고 비즈니스를 하게 되므로, 재고를 안는 리스크와 가동률을 얼마나 올리는지가 큰 과제가 될 것입니다.

교사   승객과 자동차의 매칭 문제를 말씀하시는군요. 출근 시간대 등 붐빌 때는 자동차가 많이 필요하지만, 낮 시간대는 그렇지 않지요. 그때 모빌리티 자원의 적정한 배분이 어려워집니다. 이건 에너지 문제에서도 자주 일어나지요. 피크에 맞추면 사회적인 낭비가 많아집니다.

마지막으로 '결'을 생각해 보겠습니다. 여기서는 새로운 세계에 대처하기 위한 결단과 대응책을 결정합니다. 예를 들어 어떤 쾌적한 공간을 만드는 데 특화된 셰어링 서비스를 제공하게 되어 자동차 제조는 렉서스 브랜드만 남기고, 나머지는 플랫폼의 시스템만 다른 제조사에 제공할 가능성도 있을 것입니다. 플래그십이 되는 기능은, 자사에서 실제로 장치하고 표준화된 기능을 타사에 제공해 이익을 올리는 시책도 생각할 수 있을 것입니다.

여기까지 말한 것을 스토리로 정리해 볼까요?

기

자율주행이 보급되어 대중교통이 라이드 셰어를 통한 모빌리티 서비스로 옮겨졌다. 이는 지방에서 특히 두드러졌다. 자동차의 소유는 오래된 이야기가 되었고, 셰어링 서비스가 보급되었다. 도시의 택시와 같은 느낌으로, 근처에 주차 혹은 주행하고 있는 차를 불러들여 이용하는 것이 당연해졌다. 그리하여 지방의 교통 문제가 해결되면서 모든 것이 집중되어 있던 도시를 떠나 지방으로 이주하는 사람이 늘어났다.

승

그런 와중에 자동차에 대한 니즈도 다양해졌다. 지금까지는 소유한 차량으로 통근부터 레저, 쇼핑까지 대응해야 했으므로 범용성 있는 사양이 필요했지만, 그때마다 이용하는 셰어링 서비스는 자동차의 전문화, 다양화를 촉구했다. 사람들은 쇼핑용, 캠핑용 등 용도에 맞게 차를 구분하게 되었다. 전기 자동차의 보급으로 자동차 제조 기술은 범용화되어 마치 자체 컴퓨터를 조립하듯이 자동차를 제조할 수 있게 되었다. 그 결과 다양한 전문 모빌리티 서비스가 난립하게 되었다.

전

그런 가운데 수급 균형의 조절이 큰 문제가 되었다. 고객의 요구에 가능한 한 섬세하게 부합하려고 하면 차종이 증가하지만, 그만큼 사용자와 자동차의 매칭이 어려워진다. 통근 시에는 통근용 자동차가 부족하게 되고, 연휴가 길어지면 레저용 자동차가 부족해진다. 그것을 하나의 모빌리티 회사만으로 조절하기에는 한계가 있다. 난립한 모빌리티 서비스를 포괄하는 대형 플랫폼이 필요해졌다.

결

자동차 제조사는 전문화·다양화되었고 플랫폼 사업자는 과점화되었다. 도요타는 지나치게 다양화되고 가격이 낮아진 시장에서 이미 대중적인 자동차로 이익을 기대하지 못하는 상황이 되었다. 그 상황에서 렉서스 브랜드를 이용한 고급 노선으로 방향을 바꾸었다. 대신 큰 투자가 필요한 플랫폼 개발을 진행하고 자동차 통신 접속의 핵심 부품 '차세대 DCM'를 타사에 제공하기 시작했다.

틈새시장, 대중시장에서 차세대 DCM의 이용 요금으로 수익을 올리는 비즈니스 모델로 전환했다. 렉서스 브랜드로 새로운 서비스를 시장에 도입해, 그것을 보급판 DCM에도 수시로 적용하는 형태로 경쟁사와 차별화를 도모했다.

KP 핵심 파트너	KA 핵심 활동	VP 가치 제안	CR 고객 관계	CS 고객군
지자체	고급차 제조	고급 모빌리티 서비스	장기적 관계	사용자
	플랫폼 관리	다양한 서비스		
		수익 기회		각종 서비스 회사
	KR 핵심 자원	고기능 플랫폼	CH 채널	대중을 대상으로 한 모빌리티 회사
	렉서스 브랜드		매장	
			플랫폼	

C$ 비용 구조	R$ 수익 흐름
제조 비용	셰어링 이용료
플랫폼 운영비	서비스 수수료
	시스템 이용료

[도표44] **도요타의 미래 비즈니스 모델**

교사　　어떠셨나요? 이번에는 시간 관계상 시나리오 하나만 검토했지만 원래는 4개의 시나리오마다 비즈니스 모델을 가정합니다. 이에 따라 시나리오 플래닝은 며칠, 몇 주에 걸쳐 진행하는 프로세스입니다. 반나절만에 하는 것은 도전이었지만, 대략적인 흐름은 체험할 수 있었다고 생각합니다. 다음에는 꼭 여러분의 회사에서 해 보시기 바랍니다.

시나리오 플래닝으로 시나리오 작성을 하면 위기감 없는 경영진에게 매우 임팩트 강한 제언을 할 수 있습니다. 시나리오 플래닝의 목적은 사고방식을 업데이트하는 데 있습니다. 지금까지의 일상이 계속된다는 전제에서 미래를 예측하는 게 아니라 예측할 수 없는 미래에 대비하는 것입니다. 그리고 그것을 통해 상상도 하지 못할 미래를 출현시킬 수 있습니다.

미래로부터 백캐스팅하기

이노베이터의 사고방식을 익힌다

사전 예습 문제

1. 편의점의 비즈니스 모델은 장차 어떻게 변화해
   갈까?
   비즈니스 모델 하나를 예측하여 비즈니스 모델
   캔버스를 작성하자.

이노베이터의
사고방식 익히기

교사   여러분은 도쿄 바벨 타워를 알고 계십니까? 1992년
와세다^{早稲田} 대학의 오지마 도시오^{尾島俊雄} 교수가
발안한, 높이 만 미터, 거주 인구 3,000만 명, 건설
비 3,000조 엔의 초거대 타워입니다. 엄청난 규모
지요. 도쿄를 순환하는 철도 야마노테선의 안쪽 면
적을 전부 사용하는 듯한 이미지네요. 토지 매입에
만 3,000조 엔이 든다고 합니다. 참고로 92년은 정
확히 거품이 부푼 직후로, 일본의 경기는 최고의 호
조를 보였습니다. 버블기는 이런 시대였지요. 바벨
타워와 같은 구상은 대형 건설업에도 있었습니다.
여기서 여러분에게 질문을 하겠습니다. 이런 구상은
이노베이션이라고 부를 수 있을까요?

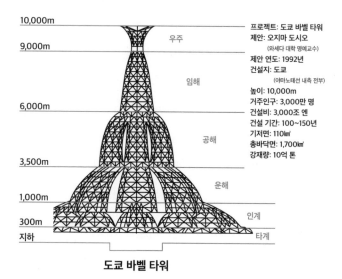

프로젝트: 도쿄 바벨 타워
제안: 오지마 도시오
　　(와세다 대학 명예교수)
제안 연도: 1992년
건설지: 도쿄
　　(야마노테선 내측 전부)
높이: 10,000m
거주인구: 3,000만 명
건설비: 3,000조 엔
건설 기간: 100~150년
기저면: 110㎢
총바닥면: 1,700㎢
강재량: 10억 톤

도쿄 바벨 타워

도면 라이브러리 제21집 오지마 도시오(도몬 건축회)
오지마 도시오, 《천 미터 빌딩을 세운다-초고층 하드웨어와 소프트웨어》고단샤센쇼메티에, 1997년

[도표45]　**도쿄 바벨 타워**

A　　　이노베이션이라고 생각해요. 당시의 기술로는 만
　　　　미터짜리 타워를 지상부터 건설할 수 없었을 테니
　　　　건설 과정에서 이노베이션이 일어나지 않을까요?

교사　　이를 실현하기 위해서 기술 이노베이션이 일어난다
　　　　는 거로군요. 또 다른 분은요?

B   규모가 너무 커서 구상을 들은 다른 업계에서는 비현실적이라고 생각하겠지만, 그걸 해 보려고 생각하는 것이 이노베이션 아닐까 싶습니다.

교사   그렇군요. 상식을 초월한 규모의 건물을 짓는 것. 이노베이션은 상식을 뒤집는 것이어야 하지요. 그런 의미에서 이 구상은 이노베이션입니다. 이번에는 이노베이션이 아니라고 생각하는 분의 의견을 들어 볼게요.

C   애초에 실현 불가능한 구상이라서 이노베이션이라고 부를 수 없지 않을까요?

교사   분명히 야마노테선 안쪽의 땅을 모두 사용한다고 하면 토지 매입만으로도 아득한 시간이 걸리겠네요. 실현 전 단계에서 이노베이션이라고 불러도 좋은 걸까요?
이렇게 생각하면, 사실 이노베이션은 사람들이 놀랄 만한 일이면서 실현 가능해야 해서 이율배반인 것입니다. 이런 이노베이션의 위치 설정을 다음과 같은 그림으로 표현해 봤습니다. 세로축에 임팩트의 대-소, 가로축에 예상 내-외라고 설정합니다.

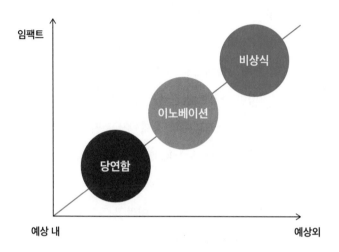

예를 들어 스마트폰의 배터리를 이전보다 2시간 더 사용하게 되었다고 합시다. 이는 예상 내에 있고, 임팩트도 적은 당연한 진화라서 이노베이션이라고 부를 수 없습니다. 반면에 바벨 타워처럼 예상외에 있고 임팩트 있는 아이디어는 그저 비상식으로 끝날

것입니다. 이노베이션이란 이 두 가지 사이에서, 현재의 예상에서 벗어나지만 실현 가능하며 임팩트 또한 높은 것입니다. 발명되면 '왜 지금까지 없었지?'라고 생각됩니다. 말하자면 아직 아무도 모르는 미래의 '당연함'이 이노베이션입니다.

이런 이노베이션을 찾아내려면 어떻게 해야 할까요? 이미 다양한 전문가들이 논의하고 있는데요. 예를 들어 오스트리아의 경제학자 조지프 슘페터Joseph Alois Schumpeter는 이노베이션을 경제 활동 속에서 생산 수단, 자원, 노동력 등을 지금까지와는 다른 방식으로 새롭게 결합하는 것이라고 정의했습니다.[9] 중요한 것은 이미 존재하는 생산 수단과 자원, 노동력을 사용하는 것입니다. 이미 존재하기 때문에 실현 가능합니다. 그리고 그것들을 다른 방법으로 새롭게 결합해서 예상외의 새로운 당연함을 실현해 가는 것입니다.

새로운 결합의 예를 들자면 물류 기업 페덱스FedEx가 있습니다. 이 케이스는 불명예스럽지만 비즈니스 스쿨이 얼마나 신규 사업의 시작에 도움이 되지 않는지 보여 주는 사례로도 이용됩니다. 예일 대학의 학생이었던 프레드릭 스미스Fredrick Smith는 허브 앤스포크Hub & Spoke(중심 거점인 허브에 화물을 집약시켜 거점마다 나누어 운반하는 수송 방식) 아이디어를 구상했습니다. 이 아이디어를 리포트로 정리해서 제출했는데, 담당 교수는 C학점을 줬어요. 교수는 그의 아이디어를 이해하지 못했던 거죠. 그래서 자기 의견을 입증하기 위해 1973년에 화물 수송 회사를 설립해 테네시주 멤피스 국제공항을 거점으로 미국 내 25개의 도시에서 항공 화물 수송을 개시했습니다. 이것이 현재의 페덱스입니다.[10]

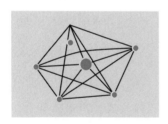 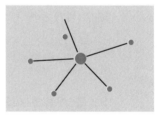

모든 공항에 직항 편을 두는 경우
N(N-1)÷2=15

허브 시스템의 경우
N-1=5(N=공항의 수)

[도표47] 새로운 결합에 따른 이노베이션의 예: 페덱스

허브앤스포크란 가령 삿포로札幌에서 센다이仙台로 화물을 보낼 경우, 센다이로 직송하는 것이 아니라 일단 전국 각지에서 온 화물을 하네다에 집약한 뒤 센다이행 화물을 한데 모아 보내는 방식입니다. 수송 거리만 보면 우회하지만, 사실은 이 방식이 훨씬 효율적이에요.

지금은 모든 운송 회사가 이 방법을 도입하고 있습니다. 하지만 이 방식이 당시 존재하지 않았던 신기술을 사용한 것은 아닙니다. 이미 존재하는 비행기, 공항, 직원을 이용했습니다. 그런데도 이노베이션이라고 하는 것은 새로운 결합을 했기 때문입니다.

또 20세기 중반 미국의 광고업계에서 활약한 제임스 웹 영James Webb Young은 저서 《아이디어 생산법A Technique for Producing Ideas》에서 "아이디어란 기존의 요소를 새롭게 조합한 것에 불과하다"라고 밝혔습니다. 여기에서도 기존의 요소들을 조합하는 것을 말하는 것입니다. 완전히 제로에서 공상으로 만들어 내는 것이 아니라는 말이지요.

이외에도 심리학자 실바노 아리에티Silvano Arieti는 신이 무에서 창조한다는 것에 "인간의 창조성은 기존에 사용할 수 있는 것을 이용해, 예상할 수 없는 방법으로 변화시킨다"라고 표현했습니다.[11] 그때의 상식으로 보자면 예상치 못한 조합으로 예상외의 것이 생겨나 주변이 깜짝 놀란 것입니다.

사실 상식에 어긋나는 요소는 강의 중에 몇 번 언급했습니다. 2강에서 소개한 크리티컬 코어는 비합리적인 것을 도입한다는 이야기였고, 4강에서 소개한 이노베이션 수·파·리 모델에서도 아트적인 사고가 이노베이션을 만든다는 이야기를 했습니다. 앞의 시나리오 플래닝에서 언급한, 찬반양론이 나뉘는 요소를 가져와 예상외의 미래를 논의하는 것도 지극히 아트적인 프로세스입니다.

아트나 이노베이션은 그 당시의 비상식에서 출발합니다. 비상식을 실현시키려 하고, 그 결과 그것이 미래의 상식이 되어 갑니다. 혁신은 비상식을 상식화하는 겁니다. 그리고 비상식에서 시작해서 그것을 실현 가능한 비즈니스 모델로 적용시키는 것이 비즈니스의 이노베이션입니다.

이것은 일반적으로 하는 합리적인 추론 방식과 다릅니다. 그 당시의 상식을 아무리 쌓아 올려도 놀라움을 주는 이노베이션에 도달하지 않습니다. 일단 생각지도 못한 신기한 조합이라는 '비상식'적인 착상을 빼놓을 수 없습니다. 그런 의미에서 앞의 바벨타워 구상은 새로운 발상을 창출하는 프로세스로 유효합니다.

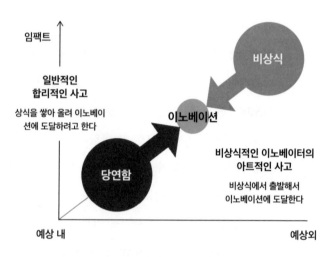

[도표48] 이노베이터의 사고양식

제3의 사고법,
귀추법 활용하기

교사   이런 이노베이터의 사고를 어떻게 습득해야 할까요? 여기서는 19세기 후반부터 20세기에 걸쳐 활약한 미국의 기호학자 찰스 샌더스 퍼스^{Charles Sanders Peirce}의 논의를 소개하겠습니다. 퍼스는 사고가 기호의 조작이며, 그 조작으로 추론을 작용하게 한다고 생각했습니다.

그 추론은 그리스 철학 이후 연역법과 귀납법의 두 가지 형식이 있다고 알려졌습니다. 전형적인 연역법은 바로 삼단 논법입니다. 사람은 죽는다. 소크라테스는 사람이다. 소크라테스는 죽는다. 이렇게 이성적으로 도출된 원리를 적용해서 추론하는 것이지요. 이는 필연적으로 추론되는 것입니다.

한편, 귀납법은 다양한 사례를 살펴보고 아무래도 이런 일이 일어날 듯하니 다음에도 비슷한 일이 일어날 것이라고 추론합니다. 많은 사례를 열거하면서 공통점을 찾아 일반화합니다. 이를 통해 100% 필연이라고까지는 할 수 없으나 개연성이 높은 추론을 할 수 있습니다.

그러나 퍼스는 두 추론 형식만으로는 한계가 있지 않을까 의문을 품었습니다. 연역법은 전제에서 이성적으로 도출한 법칙들을 적용한 것이고, 귀납법은 일어난 사건을 열거해서 공통점을 찾아 일반화한 겁니다. 모두 그 당시의 전제나 이미 일어난 사건을 바탕으로 한 추론이죠. 퍼스는 이 두 가지 추론으로는 새로운 관념을 만들어 낼 수 없다고 생각했어요. 그래서 더 창조적이고 발견적인 추론 형식으로 귀추법^{Abduction}(비약적 추론)을 제창한 것입니다.

[도표49] 제3의 추론 형식

이해하기 쉽도록 비즈니스 세계를 예로 생각해 봅시다. 연역법으로 "이런 제품은 반드시 팔릴 거야!"라고 한다면 그것은 독단적인 생각입니다. 그런 히트의 법칙이 있으면 누구나 성공하겠지만 비즈니스는 그리 간단하지 않지요. 또 귀납법으로 "저 회사가 출시한 핑크색 휴대전화가 잘 팔리니 우리도 같은 것을 내면 잘 팔릴 거야"라고 발상한다면 다른 회사를 따라 하는 것이며, 새로운 것을 만들어 낼 수 없습니다. 혹은 "핑크색 휴대전화가 잘 팔린다고 해서 우리도 출시한다면 잘 팔릴까?"라고 늘 의심하면 회의론에 빠져 아무것도 할 수 없어요. 이것 또한 곤란합니다.

제가 설명한 연역과 귀납에 관한 비판 방식은 원래 철학자 칸트의 대륙 합리론, 영국 경험론을 향한 비판을 그대로 차용하고 있습니다. 대륙 합리론은 이성을 통해 매사를 인식할 수 있다는 입장으로, 진리라고 증명된 일반 명제에서 필연적으로 추론할 수 있는 것만을 참이라고 여기는 연역적인 사고방식입니다. 반면에 영국 경험론은 그런 이성에 의한 추론을 의심했습니다. 철저히 경험해 보지 않으면 모른

다는 사고방식입니다. 두 사상의 흐름은 사실 지금
도 계속 이어지고 있습니다. 예를 들어 유럽연합^{EU}
과 같은 이념을 주도하는 것은 역시 독일이나 프랑
스라는 대륙이었고, 그곳에서 이탈한 영국은 그런
이념이나 이성에 대한 회의를 숨기려고 하지 않았
습니다.

퍼스는 그 두 가지 사상적인 흐름을 받아서 귀추법
이라는 제3의 추론 형식에 도달합니다. 퍼스가 시작
한 사상적인 흐름은 프래그머티즘^{Pragmatism}이라고
불리는데요. 프래그머티즘은 실용주의라고도 번역
되며, 이론이 옳다고 증명되는 것보다 실제로 유용
한지에 따라 가치를 판단하려고 합니다. 프래그머티
즘은 미국인의 사고방식에 짙게 배어 있고, 미국에
서 태어난 비즈니스 스쿨에도 강한 영향을 주고 있
습니다.

그러면 귀추법에 대해서 설명하겠습니다. 귀추법의
예시로 다음과 같은 추론을 생각해 봅시다. 바다에
서 멀리 떨어진 내륙에서도 조개나 물고기의 화석
이 나오는데, 그 이유를 설명할 수 있는 분?

F   옛날에 그곳이 바닷속이었기 때문입니다.

교사   그렇죠. 현재는 육지여도 옛날에는 바다였다, 이것은 상식입니다. 그럼 현재와 같이 바다가 융기하는 것을 몰랐던 시대에는 어떻게 생각했을까요?

F   모르겠어요.

교사   상상하기 어렵지요. 이런 화석이 뜻하지 않은 곳에서 발견되면 신의 낙서라는 식으로 설명할 수밖에 없었습니다.

연역법을 통해 생각해 보면 "물고기는 바다에 있다. 이곳은 육지다. 그러므로 물고기 화석이 나오는 것은 이상하다"가 됩니다. 귀납법으로는 "여기에 물고기 화석이 나온다. 다른 장소를 조사해 보면 나오는 곳도 있고 안 나오는 곳도 있다"가 됩니다. 이런 상식을 뒤엎는 것, 새로운 관념을 만들어 내야 할 때는 기존의 추론으로는 답이 나오지 않아요.

하지만 퍼스는 이렇게 생각했어요. '옛날에 바다였던 곳이 육지가 되었다면 물고기 화석이 나와도 이상하지 않다'라는 비약적 가설을 인간은 떠올릴 수 있다. 그래서 여기에서 태곳적 해안선을 발견할 수 있다. 이처럼 새로운 발견을 할 때 그곳에는 비약적 추론이 있습니다.

그 밖에도 천동설에서 지동설로 간 코페르니쿠스적 전환도 그렇습니다. 천체의 움직임을 계산할 때 천동설을 바탕으로 생각하면 몹시 복잡해집니다. 특히 혼란스러운 움직임을 보이는 혹성의 움직임을 예측할 수 없었어요. 하지만 코페르니쿠스는 '만약 지구가 움직이고 있다면'이라는 당시의 상식에 반하는 가설을 세우고, 그 생각을 바탕으로 따져 보면 계산이 아주 쉬워진다는 것을 깨달았습니다. 그렇게 지동설을 발견했지요. 이것은 연역법도 아니고 귀납법도 아닙니다.

사과가 떨어지는 것을 보고 만유인력의 법칙을 발견한 뉴턴도 귀추법으로 추론을 했다고 생각할 수 있습니다. 왜 땅을 향해 똑바로 사과가 떨어지는가? 그것을 설명하려고 해도, 연역법으로도 귀납법으로도 추론할 수 없었다고 해야 할까요? 처음부터 그것을 의문스러워하는 일조차 없었을지 모릅니다. 그래서 뉴턴은 사과와 지구가 서로 당긴다면 질량이 작은 사과가 지구를 향해 '떨어지는' 것이 당연하다고 추론한 것입니다.

퍼스는 귀추법을 다음과 같이 정식화했습니다.

① 우선 놀라운 사실 C가 관찰된다.
② 만약 가설 H가 참이라면 C는 당연한 일이 된다.
③ 따라서 H가 참이라고 생각해야 할 이유가 있다.

에베레스트에서 발견되는 물고기 화석이 놀라운 사실 C이고, 그곳에 '옛날에 바다였던 곳이 산이 되었다면'이라는 가설 H를 놓아 보면 그때까지 놀라운 사실이었던 C가 당연한 일이 됩니다. 이것은 지동설도 만유인력의 법칙도 마찬가지입니다. 당시의 상식에는 어긋나지만, 그렇게 생각하면 모든 이치가 들어맞는다는 것을 뉴턴은 깨달았습니다.

예기치 못한 놀라운 사실 C가 일어나고, 이를 통해 현재 상식과는 다른 가설 H를 생각합니다. H가 맞다면 C도 당연하다는 설명이 가능해집니다. 그렇게 해서 새로운 관념을 만들어 내는 것이 이노베이션입니다.

임프로비제이션을 통한
이노베이션 사고 트레이닝

교사　　그러면 귀추법으로 비약적 추론을 연습해 봅시다. 이번에 여러분이 체험할 것은 비즈니스 임프로비제이션Improvisation입니다.

임프로비제이션은 '즉흥'을 말합니다. 재즈에서 임프로비제이션이라고 하면 연주자가 악보를 보지 않고 즉흥적으로 음악을 연주하는 것을 말합니다. 연극에서도 임프로비제이션은 한 분야인데, 특히 미국의 코미디 쇼에서 보입니다. 오늘은 그것을 비즈니스의 영역에 응용해 보겠습니다.

비즈니스 임프로비제이션은 '토이 스토리'나 '몬스터 주식회사' 등의 CG애니메이션 작품으로 유명한 영화 제작사 픽사Pixar에서 창조성을 개발하는 방법으로 채택하기도 했습니다. 그중에서 '예스·앤드Yes, And 게임'이라는 워크를 체험해 보겠습니다.12

2인 1조가 되어 주세요. 규칙은 간단합니다. 두 명이 어떤 것을 만들면 됩니다. 상대가 말한 것을 반드시 '예스'로 받아들이고, 거기에 새로운 아이디어를 '앤드'라고 더해, 던지고 받으면서 만들면 됩니다.

첫 번째 제목은 '이상적인 별장'입니다. 자신이 살아 보고 싶은 별장이 어떤 것인지, 두 사람이 생각하면 됩니다. 바다에 있어도 되고, 산에 있어도 됩니다. 해외든 국내든 상관없어요. 제한 시간은 2분입니다. 그럼 시작해 주세요.

(※2분 동안 워크)

교사   시간이 끝났습니다. 먼저 발표하실 분 있나요?

G   바다 근처라서 파도 소리가 들리고 바람이 느껴지는 별장입니다. 창문이 커서 햇빛을 많이 받을 수 있고, 밤에는 별이 보여요. 테라스와 방이 이어져 있어서 탁 트인 느낌에, 커피를 마실 수 있는 의자나 테이블을 놓을 수 있는 공간이 있습니다.

교사   감사합니다. 자연과 하나되는 느낌, 개방감이 있는 별장이네요. 편안한 느낌입니다. 다른 분은요?

H   지하에 있는 별장입니다. 에어컨이 없어도 연중 시원하고 적당한 온도에서 지낼 수 있습니다. 게다가 자연 환기가 됩니다. 셸터처럼 사용할 수 있어요.

교사   말씀 고맙습니다. 온난화가 심각해지는 와중에도 쾌적하게 지낼 수 있는 별장이네요. 지하에 있다는 발상이 놀랍습니다. 이렇게 두 사람이 뭔가를 만들어 가면 생각지도 못했던 것이 완성되는 것 같아요.

다만 이 발상법에는 중요한 요령이 있습니다. 같은 별장의 예시로 설명하겠습니다. 첫 번째 사람이 "정원이 있어요"라고 했다고 합시다. 그 말을 들었을 때 종종 두 사람 모두 같은 이미지를 공유하는 케이스가 발생합니다.

예를 들어 두 사람이 똑같이 일본식 정원을 떠올리고, 마치 작가가 틀어박혀 집필할 듯한 공간을 발상한다면 "연못이 있다" "잉어가 헤엄치고 있다" "돌다리가 놓여 있다" "소나무가 심어져 있다"라는 식으로 '예스·앤드'의 교환이 원활하게 진행됩니다. 그러나 완성된 것은 처음에 상상한 일본식 별장의 범위에 그칩니다. 이것은 엇나간 예스·앤드가 됩니다. 상대의 아이디어를 제대로 예스로 받아들이지 않고, 앤드에서 새로운 발상이 추가되지 않은 것입니다.

여기에서는 이노베이션, 즉 비약적인 추론을 목표로 하고 있습니다. 그러려면 어떻게 해야 할까요? 쌓아 올리는 형태의 예스·앤드를 해야 합니다. 앞사람이 말한 것이 "○○"이라면 거기에 "○○이기 때문에 □□이다"라는 식으로 생각하는 겁니다. '정원이 있으니 무엇을 할 수 있을까?'라고 생각하는 거지요. 상대가 말한 것을 원인으로 해서 그 결과 어떤 전개를 할 수 있는지 발상을 펼칩니다.

그럼 실제로 해 보겠습니다. 만약 별장에 정원이 있다면 어떻게 될까요?

"정원이 있기 때문에…" 어떻게 말할 수 있을까요?

| 동물을 기를 수 있어요.

교사 네, 정원이 있기 때문에 동물을 기를 수 있다는 건 동물을 기를 수 있는 별장이라는 거로군요. 마치 동물원처럼 많은 동물이 생활하고 있다고 할까요? 그

리고 다음 사람은 '정원이 있어서 동물을 기를 수 있기 때문에, 무엇을 할 수 있을까?'라고 생각합니다. 다음 사람 말해 주세요.

J   아이들이 많이 모여요.

교사   네, 아이가 많이 모여서 동물을 접할 수 있다는 거군요. 괜찮습니다. 그러면 "정원이 있고 동물이 있고 아이들이 많이 모이기 때문에…" 어떤 일을 할 수 있을까요?

K   어린이집을 만들어 아이는 맡기고 부모만 따로 놀 수도 있어요.

교사   부모는 어떤 놀이를 할 수 있을까요? 모처럼 정원에 동물도 있고, 아이들에게서 손을 뗀다고 하면.

K   부모는 둘이서 꽃이나 나무를 심을 수 있어요.

교사   아이들의 놀이터를 더욱 매력적으로 만들기 위해 정원을 가꾼다는 거군요. 텃밭에 채소를 심어도 재미있을지 모르겠네요. 이렇게 '작은 동물과 아이가 만날 수 있는 가드닝 별장'이 완성되었습니다. 최근에는 자연을 접할 기회도 없고, 어른과 아이가 각각 자연과 접할 수 있는 별장은 꽤 니즈가 있을 것 같습니다.

그러면 여러분, 잠깐 기억을 되감아 보세요. 처음에 "정원이 있어요"라고 했을 때, 여러분은 이런 별장을 상상했나요? 상상도 못하지 않았나요? 그런데 "그래서"라고 예스·앤드를 3회 정도 쌓아 가기만 해도 처음에 예상하지 못했던 것이 완성되었습니다.

좀 더 내막을 밝히자면, 상대방이 말한 것이 '놀라운 사실 C'로 기능하고, 그것을 당연한 상황으로 만들기 위해 추가하는 아이디어가 '가설 H'의 역할을 하는 것입니다. 앞의 예로 말하자면 "정원이 있다"라는 놀라운 사실 C에, 자신은 "동물이 있다"라는 가설 H를 내서 "정원이 있는 것도 당연하다"라고 전개하는 것입니다. 그러면 상대에게는 "동물이 있다"라는 것이 놀라운 사실이 되기 때문에 이것을 당연한 것으로 만들기 위해 "아이들이 모인다"라는 요

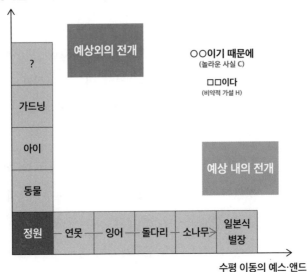

[도표50]　쌓아 올리는 형태의 예스·앤드

소를 넣습니다. 이와 같이 놀라운 사실 C를 상대에
게 받아서 가설 H를 촉구하는 일을 반복하는 것, 즉
귀추법을 쌓아 올리는 구조가 되어 새로운 아이디
어가 생겨납니다.

그리고 중요한 것은 첫 번째 아이디어의 좋고 나쁨
은 전혀 중요하지 않다는 점입니다. "정원이 있다"
라는 착상은 별장을 생각하는 데 놀랄 만한 아이디

어도 아니고, 하물며 이노베이션도 아닙니다. 그러나 예스·앤드를 반복해 가면서 귀추법으로 비약적 추론이 쌓여 처음에는 예상하지 못했던 아이디어에 도달하게 됩니다.

만약 아이디어를 냈을 때 "재미없다"라고 판단하면 어떨까요? 계속 전개할 가능성이 없어지겠죠.

이렇게 임프로비제이션을 응용하는 효과는 다양한 영역에서 실증되고 있습니다. 좀 전에 언급한 픽사처럼 창조적인 영역에서도 그렇고, 지금부터 소개하는 물리학 연구의 세계에서도 효과를 발휘합니다. 이쯤에서 동영상 하나를 봅시다. 물리학자 유리 알론Uri Alon이 TED에서 강연한 '진정한 혁신적 과학을 위해 미지의 영역에 뛰어드는 것이 꼭 필요한 이유'라는 영상입니다.[13]

그는 물리학자이면서도 생물학과 화학의 경계에서 활약하고 있습니다. 또한 그의 연구실은 생산성이 매우 높아 팀원도 새로운 발견을 해내고 있어요. 그래서 왜 그렇게 생산성이 높은지 TED에서 그 비밀을 소개하고 있는데, 그중 하나가 바로 임프로비제이션입니다.

그는 낮에는 연구를 하면서 밤에는 즉흥극 배우로
활동했어요. 지금 여러분이 하는 것과 같은 즉흥적
인 트레이닝이 사실은 연구에 많은 도움이 된다는
이야기를 하고 있습니다. 이것을 보면 지금 여러분
이 한 일에 어떤 의미가 있는지 명확하게 보이기 때
문에 소개하고 싶습니다.

(※ 동영상 재생, 약 16분)

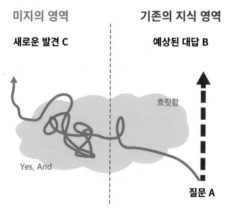

미지의 영역   기존의 지식 영역

새로운 발견 C   예상된 대답 B

흐릿함

Yes, And

질문 A

기존의 지식과 미지의 영역을 가르는 경계

[도표51] 새로운 발견으로 가는 길

교사   유리 알론이 말한 것은 다음과 같습니다. 질문 A에
서 예상되는 대답 B로 향하는 것이 일반적인 연구

라고 생각하기 쉬운데, 그러면 기존의 지식을 벗어나지 못합니다. 조금 전의 별장 아이디어로 말하자면 '일본식 별장'을 착상하듯이 이미 알고 있는 수준에 머무르고 맙니다.

예상치 못한 것을 발견하려면 그렇지 않은 길이 필요합니다. 연구를 하다 보면 생각지도 못한 실험 결과가 나오기도 하지요. 그런 놀라운 사실 C를 눈앞에 두고, 간신히 연구의 시작 지점에 서게 됩니다. 이 C를 설명하려면 어떤 가설이 필요할까? 그렇게 생각하는 가운데, 유리 알론이 말하는 '흐릿함'에 돌입합니다. 그곳에서는 앞을 내다볼 수 없기 때문에 큰 스트레스를 느끼지만, 실제로 기존의 지식과 미지의 경계에 가까워지고 있다는 좋은 소식입니다.

그렇게 흐릿함 전체를 설명하는, 지금까지 알려지지 않았던 대답에 도달하는 것입니다. 이 흐릿함을 빠져나갈 때의 스트레스를 덜어 주기 위한 지혜가 '예스·앤드'라고 알론은 말합니다. 걱정하지 않아도 아까 여러분이 경험했던 것처럼 예스·앤드를 반복하다 보면 예상치 못한 답에 반드시 도달할 수 있습니다.

미래로부터의
백캐스팅 방법

교사   그러면 이런 흐릿함을 없애는 체험을 해 봅시다. 새
        로운 사업 구상을 만드는 방법으로 '미래로부터 백
        캐스팅'을 해 보겠습니다.

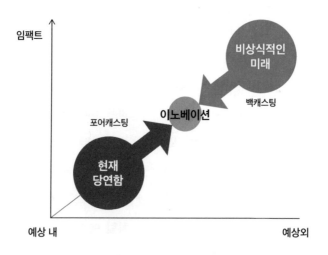

[도표52] 미래로부터 백캐스팅

위의 그림을 보세요. 도표48에서 설명한 이노베이터의 사고방식과 동일한 구조입니다. 이때 이노베이션을 일으키려면 '당연함' 아니라 '비상식'에서 발상할 필요가 있다는 이야기를 했습니다. 현재는 이미 알려진 '당연한' 것들뿐이고, 미래는 지금 보았을 때 대부분이 '예상외'의 것들입니다. 만약 '현재 당연함'을 출발점으로 하면, 이대로는 현재의 상식 범위 내의 것밖에 태어나지 않지요. 이것은 시나리오 플래닝에서도 배웠는데요. 현 시점에서의 예측이 아니라, 예측할 수 없는 미래에 대비하기 위한 것이었어요. 즉, 현 시점에서는 예상할 수 없는 비상식적인 미래를 상정하고, 거기에서부터 시나리오를 검토했습니다.

예를 들어 전기 자동차 제조사 테슬라의 CEO인 일론 머스크Elon Musk는 우주선 개발 벤처 스페이스X를 시작해 '화성으로 이주'라는 미션을 내걸고 있습니다. 터무니없는 계획이지만 1인당 10만~20만 달러 정도의 비용으로 100만 명을 화성에 보내면 완전히 자립형으로 지속 가능한 문명을 구축할 수 있다고 계산했어요. 100만 명이라는 규모는 일본 센다이 시의 인구 정도입니다. 이 계획에는 40~100년이 걸린다고 합니다. 지극히 비상식적인 발상이죠.

이 구상을 실현하기 위해서는 발사용 로켓을 재활용하는 것이 전제가 됩니다. 그 때문에 날리기만 하는 것이 아니라 착륙도 할 수 있는 로켓의 개발과 실험이 반복되었고, 거의 성공 수준으로 완성되었어요. 게다가 이 로켓을 활용해서 대륙 간 여객 수송에 진출할 계획을 발표했습니다. 이렇게 되면 지구 반대편에 있는 두 개의 주요 도시를 연결하는 로켓의 비행 시간이 1시간 미만이 될 거라고 합니다. 예를 들어, 뉴욕에서 상하이까지 39분만에 갈 수 있게 되는 거죠. 이것도 대단한 계획이지만 화성에 인류를 이주시킨다는 것에 비하면 현실적이에요. 결국 화성에 이주하는 것을 생각했기 때문에 이런 뜻밖의 일이 실현될 수도 있는 것입니다.

마찬가지로 미래로부터 백캐스팅한 사례로 애플의 전 CEO인 스티브 잡스가 1997년에 만든 30년 로드맵을 언급하고 싶습니다. 이것은 공식 문서로 남아 있지 않지만, 당시 애플에 근무하던 후쿠다 나오히사福田尚久 씨에게 듣고, Windows95 등의 개발에

관여하던 천재 프로그래머 나카지마 사토시^{中島 聪}
씨가 블로그에 쓴 이야기입니다.

1997년, 잡스가 애플에 잠정 CEO로 돌아왔을 때
그는 사내에서 앞으로 개발하는 제품 라인업에 대
해 이야기했다고 합니다. 거기에는 데스크탑이나 노
트북형 컴퓨터뿐만이 아니라 아이팟이나 아이폰과
비슷한 제품이 이미 로드맵상에 그려져 있었습니
다. 나중에 돌이켜보니 실제로 그가 당시 예상하던
타이밍에 발매되었다고 합니다.

← 미래로부터 백캐스팅

1998년
모뎀 내장
컴퓨터

1999년
무선LAN
노트북

2001년
디지털
음악 플레이어

2007년
모바일
인터넷

콘텐츠가
디지털로
유통되는
미래

[도표53] **애플의 30년 로드맵**

왜 애플이 그런 제품을 개발했을까요? 나카지마 씨는 콘텐츠가 네트워크를 통해서 디지털로 유통되는 미래를 잡스가 예견하고 있었다고 지적하고 있습니다. 그런 미래로부터 역산하면 2008년에는 모바일 통신의 환경이 정비되어 모바일 인터넷이 실현되기 때문에 아이폰을 발매하게 되고, 거기에서 한층 거슬러 올라가 2001년에는 데이터량이 비교적 적은 음악 데이터를 취급하는 아이팟, 2003년에는 음악을 판매하는 아이튠즈 뮤직 스토어를 출시했죠. 게다가 1999년 아직 와이파이라는 규격이 없을 때 무선 LAN을 개발해 케이블 없이 인터넷에 연결하는 노트북을 제시해서 화제가 되었습니다. 그리고 1998년 아이맥iMac입니다.

잡스가 애플로 돌아온 1997년, 애플은 파산 직전이라 몇 개월 후에 자금이 바닥나는 상황이었습니다. 결국 오랜 경쟁자인 마이크로소프트에서 투자를 받아 아슬아슬하게 개발한 것이 아이맥입니다. 모뎀 내장형 컴퓨터로 설계되었지만 그 자체가 드문 것은 아니었습니다.

그럼 무엇이 새로웠을까요? OS 수준에서 인터넷에

연결하는 것이 전제가 된 컴퓨터였던 것입니다. 아이맥의 i는 인터넷의 i이기도 한데, 컴퓨터를 부팅하면 초기 단계에서 공급자 계약을 하게 해서 초보자라도 자동으로 인터넷에 연결되는 '인터넷 전용기'로 자리매김했습니다.

1998년 단계에서 갑자기 아이폰을 개발할 수는 없습니다. 기술적으로든 자원적으로든, 인프라를 봐도 불가능합니다. 그러나 아이폰이나 그 후의 아이패드 iPad에 도달하기 위한 첫 걸음을 내딛었다고 생각됩니다.

일론 머스크의 계획도 마찬가지입니다. 화성 이주라는 계획 중에 우선은 대륙 간 이동으로 수익을 올리려고 하고 있어요. 결국 백캐스팅이란 미래의 구상을 바탕으로 지금 할 수 있는 일을 생각하는, 이상주의와 현실주의를 하이브리드한 사고입니다.

편의점의 비즈니스 모델에
이노베이션이 가능할까

편의점은 늘 그렇듯이 24시간 영업을 지속했지만 일손이 부족해 심야 영업이 어려워졌다. 패밀리마트는 일부 프랜차이즈 매장과 영업시간 변경에 합의해서 오전 6시부터 다음 날 오전 1시까지 19시간을 영업하기로 했다. 또한 편의점의 점포 수는 과거 20년 동안 5만 7,817개로 두 배나 증가해 경쟁이 심해졌고, 기존 매장의 매출도 정점에 이르렀다. 다른 편의점 체인과의 경쟁도 그렇지만, 같은 체인의 도미넌트 출점에 의한 것도 컸다. 같은 체인의 점포끼리 점유율을 서로 빼앗는 상황은 각 점포에게는 힘든 상황이지만, 프랜차이즈 본사에서는 가맹점 전체의 매출이 올라서 로열티 수입이 증가하게 된다. 이렇게 이익이 상반되는 관계는 프랜차이즈 본사와 점포의 신뢰 관계에도 영향을 준다.

일본에 편의점이 상륙한 것은 1970년대이다. 이후 다양한 모습으로 대응해 왔다. 예를 들어 상품 배송은 각 제조업체나 도매 회사마다 하는 것이 아니라 공동 배송센터를 통해 효율적으로 운영했다. POS 시스템을 통한 판매 관리·발주 시스템도 편의점이 앞장서 도입했다. 그리고 공공요금의 수납 대행이나 티켓 발행, ATM기의 설치 등 다양한 시스템을 갖추었다. 로손이 의료나 간병 분야로 진출하고, 과소 지역으로 이동하는 편의점을 전개하는 등 사회 인프라의 역할은 한층 넓어지고 있다.

한편 해외에서는 무인 편의점 아마존 고Amazon Go도 시동을 걸었다. 무인 배송 등 택배 인프라가 더욱 진행되면 전자 상거래로 대체될 가능성도 있다. 앞으로 사회 인프라로서 편의점이 필요해질 것이다. 은행 ATM 이후 눈에 띄는 이노베이션을 일으키지 못했다고 평가되는 기존의 편의점이 새로운 이노베이션을 일으키려면 어떻게 해야 할까?

편의점의 미래 구상

교사   1강에서 배운 편의점의 새로운 사업은 논리적인 접
근 방식의 발상이었습니다. 경쟁사와 비교하면서
자사의 입장을 결정하거나(포지셔닝파) 자사의 특기
분야나 강점으로 사업을 생각했습니다(케이퍼빌리티
파). 또 어느 쪽으로 기울지 모르는 외부 요인을 추
출해 축을 만들어 시나리오를 검토하는 방법으로
자동차 업계의 미래를 생각했습니다(시나리오 플래닝).
귀추법적으로 발상하면 어떠한 차이가 나올까요?
백캐스팅으로 다시금 편의점의 비즈니스 모델을 생
각해 봅시다.

프로세스는 다음과 같습니다.

1.   월드 카페를 통해 2050년 편의점의 신규 사업
이미지를 공동 창조한다.

2. 2050년 편의점의 신규 사업을 추출한다.

3. 백캐스팅으로 지금 해야 할 사업안을 만든다.

4. 30년의 로드맵을 작성한다.

워크 1 월드 카페를 통해 공동 창조한다

교사   지금부터 여러분은 '월드 카페World Cafe'라는 방식을
체험하게 될 것입니다. 이는 간단하게 말해 카페 같
은 분위기 속에서 잡담을 나누면서 아이디어를 창
출하는 방법입니다.

월드 카페는 우발적으로 생겨났습니다. 야외에서 진
행할 예정이었던 세션을 비가 오는 바람에 급히 실
내의 작은 거실에서 진행하게 되었지요. 작은 테이
블을 몇 개를 마련하고 모조지를 테이블보처럼 씌
워 카페 분위기를 만들어 대화를 나누었더니 분위
기가 고조되었다고 합니다. 식탁보로 쓰인 모조지
에 낙서처럼 대화가 메모되었고, 중간에 전체로 공
유되었습니다. 누구나 적극적으로 논의에 참여했고,

준비한 시간은 순식간에 지나갔습니다. 이 방식을 누구나 재현할 수 있도록 포맷으로 만든 것이 월드 카페 방식입니다.[14]

카페이므로 어디까지나 편하게 잡담처럼 하기 바랍니다. 논리적으로 채우는 것이 아니라 깊은 대화를 나누도록 합니다. 구체적으로 앞에서 이야기한 '예스·앤드'의 방식으로 상대의 아이디어를 부정하지 않고 추가해 주세요. 주제는 '2050년의 편의점'입니다. 2050년의 편의점은 어떻게 되어 있을지 자유롭게 생각하고, 멤버끼리 대화를 나누면서 모조지 위에 낙서처럼 계속 써 나가 주세요. 카페 분위기를 만들기 위해 배경 음악도 틀겠습니다. 그럼 시작하겠습니다.

(※ 그룹 워크)

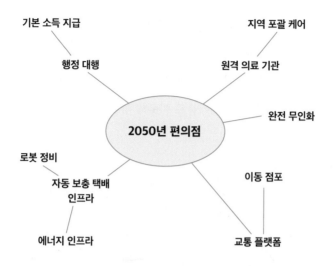

기본 소득 지급

행정 대행

지역 포괄 케어

원격 의료 기관

2050년 편의점

완전 무인화

로봇 정비

자동 보충 택배
인프라

이동 점포

에너지 인프라

교통 플랫폼

[도표54]　월드 카페를 통한 미래 구상의 예시

교사　자, 일단 멈춰 주세요. 앞서 월드 카페의 설명은 사실 절반만 한 것이었습니다. 월드 카페의 '카페'에 대해 설명했는데, '월드'는 무엇일까요? 이것은 '세계'라는 의미로, 다른 테이블로 '여행'을 가는 과정이 들어가 있어요.

세션이 끝나면 테이블에 '테이블 마스터'를 한 사람만 남겨 두고 다른 테이블로 여행을 가면 됩니다. 여행을 떠나면 새로운 아이디어가 공유되어 논의도

깊어져 갑니다. 곤충이나 바람을 이용해 열매를 맺는 타가 수분처럼 아이디어가 꽃을 피웁니다. 아이디어를 뒤섞기 위해서라도 가능한 한 전원이 따로따로 다른 테이블로 이동해 주세요.

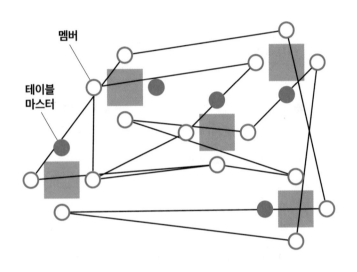

[도표55] 월드 카페의 여행에서 사람들의 복잡한 이동

교사　이동했나요? 그러면 테이블 마스터는 지금까지 어떤 논의가 있었는지 새 멤버에게 1분 동안 간략하게 설명해 주세요. 그 후 멤버는 각 테이블에서 일어나고 있던 논의를 근거로 해서 '예스·앤드' 방식으로

아이디어를 추가해 주세요. 물론 앞 테이블에서 나온 아이디어를 내도 되지만, 가능하다면 그 테이블의 논의에 맞게 아이디어를 발전시키기 바랍니다.

(※ 그룹 워크)

교사   시간이 다 되었습니다. 다시 한 번 여행을 떠나도록 할게요. 아까와 마찬가지로 테이블 마스터만 남기고 이동해 주세요. 재미있어 보이는 테이블로 가도 되고, 빈자리가 많은 테이블로 가도 됩니다. 다 이동 하셨나요? 그러면 논의를 시작해 주세요.

(※ 그룹 워크)

교사   이제 맨 처음 테이블로 돌아가 봅시다. 처음보다 어느 정도 아이디어가 확장되었는지 테이블 마스터에게 물어보세요. 거기에 다른 테이블에서 얻은 아이디어도 더해 보세요.

수업 당일 모조지의 모습

워크 2 신규 사업을 추출하다

교사   이렇게 해서 2050년의 편의점 이미지가 펼쳐졌습
       니다. 미래의 이미지 속에서 신규 사업의 아이디어
       를 추출하겠습니다.

       지금 노란 포스트잇을 각 팀에 나눠 줬습니다. 여러
       분이 낸 아이디어 중에 사업이 될 만한 아이디어를

10개 이상 골라 이름을 붙이고, 포스트잇에 써서 붙여 나가면 됩니다. 사업의 이름은 될 수 있는 한 구체적으로 써야 합니다. 예를 들어 헬스케어 사업이나 소매업이라고 대충 쓰면 아이디어가 막연해져요. 그러니 '이런 특징이 있는 ○○사업'이라는 식으로 자세하게 써 주시기 바랍니다.

2050년의 사업이기 때문에 지금 보기에 엉뚱해도 됩니다. 상식을 뒤엎는 아트적인 사고를 풀가동해 보세요. 그럼 시작해 주세요.

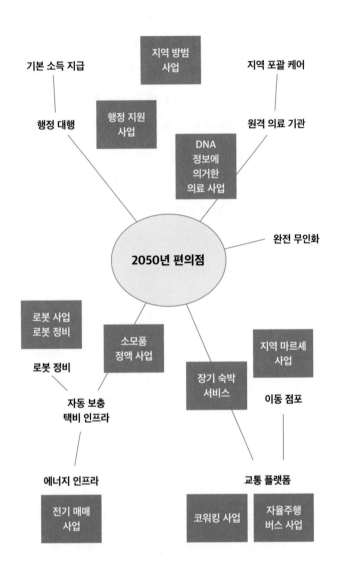

기본 소득 지급

지역 방범
사업

지역 포괄 케어

행정 대행

행정 지원
사업

원격 의료 기관

DNA
정보에
의거한
의료 사업

2050년 편의점

완전 무인화

로봇 사업
로봇 정비

소모품
정액 사업

로봇 정비

장기 숙박
서비스

지역 마르셰
사업

이동 점포

자동 보충
택비 인프라

에너지 인프라

교통 플랫폼

전기 매매
사업

코워킹 사업

자율주행
버스 사업

[도표56] 2050년 사업의 추출

백캐스팅으로 지금 해야 할 사업안을 만든다

교사   이렇게 해서 2050년에 시행할 사업을 시각화했습니다. 이것을 일론 머스크의 우주 사업, 스티브 잡스의 30년 로드맵과 비교하면 다음과 같습니다.

	30년 후의 미래 비전	미래 사업·상품	백캐스팅한 사업
편의점	2050년의 편의점	2050년의 사업안	올해 시작한 사업안
스페이스X	화성 이주	혹성 간 이동 사업	대륙 간 이동 사업
1997년의 애플	콘텐츠가 디지털로 유통되는 세계	아이패드 등의 콘텐츠 시청 디바이스	iMac

[도표57] 백캐스팅의 위치 설정

지금 언급한 사업이 2050년에 성립된다고 하고, 그곳으로 이어지는 길로 최근에 어떤 사업을 하고 있을지 생각해 봅시다.

예를 들어, 2050년에 원격 이동 사업을 실현한다고 합시다. 지금 당장은 절대 실현할 수 없습니다. 그러나 한 걸음이라도 가까워질 수 있도록 움직이려면 먼저 자사의 택배 사업부터 시작해야 할지도 모릅니다. 또한 VR·AR 엔터테인먼트 사업부터 시작할 수도 있을 것입니다. 어디까지나 지금 기술적으로도 사업적으로도 실현 가능한 아이디어에 반영시켜, 콘셉트 시트를 작성합니다.

콘셉트 시트는 '상품·사업 타이틀' '상품·사업 설명' '설명용 일러스트'를 A4 사이즈의 종이 한 장에 정리한 것입니다. 이것을 토대로 마지막으로 그 사업의 비즈니스 모델 캔버스를 작성합니다.

상품·사업 타이틀 '버추얼 기프트 사업'

상품 및 사업 설명

버추얼 쿠폰을 디지털로 보내면 그 쿠폰을 이용해 근처 편의점에서 상품을 받을 수 있는 서비스. 기존의 포인트 시스템에 사용자 사이의 거래를 추가한다.

[도표58] **콘셉트 시트 작성(예시)**

30년의 로드맵을 작성한다

교사   저는 평소 여러 기업에서 신규 사업을 제안하는 제도를 지원하고 있습니다. 그때 경영진에게 신규 사업을 제안하면 대체로 두 가지 반응이 돌아옵니다. 하나는 사업이 지나치게 장대해서 "착실한 사업안을 제안하기 바란다"라는 경우이고, 또 하나는 사업이 너무 현실적이라 "사업에 신선미가 없고, 꿈이 없다"라는 경우입니다. 경영진은 실현 가능성과 참신성이라는 두 가지 상반된 요소를 동시에 요구합니다.

이 두 가지는 이율배반적 관계입니다. 실현 가능성을 우선하면 참신성은 없어지고 참신성을 중시하면 실현 가능성은 낮아집니다. 이런 이율배반적 관계를 피하고 실현 가능성도 높고 참신성도 높은 사업을 어떻게 제안해야 할까요? 이게 요령이 있습니다. 시간축으로 이 둘을 나누는 겁니다. 수십 년 후의 비전을 이야기하면서 그로부터 백캐스팅하고, 내년의 수단과 방법을 제안합니다. 이렇게 해서 설득력 있는 제안을 할 수 있습니다.

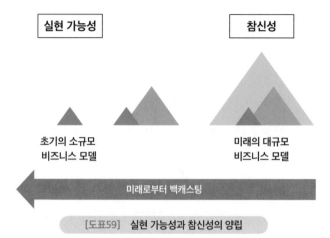

시나리오 플래닝과
백캐스팅의 차이

교사   5강에서 배운 시나리오 플래닝과 이번에 다룬 백캐
      스팅은 모두 똑같이 미래로부터 생각하는 방법인
      데, 큰 차이를 느꼈을 것 같습니다. 어떤 차이가 있
      었는지 공유해 주세요.

L   시나리오 플래닝은 부정적인 요소를 밝혀내는 용도
         가 있다고 느꼈습니다. 예를 들어, 인구 구조의 변화
         나 에너지의 변화 등 미래의 변동 리스크에 맞춰 지
         금 해야 할 일을 생각하죠. 리스크 관리에 가까워요.
         반면에 백캐스팅은 이상적인 세계라고 할까요? 이
         상적인 모습에서 시작하는 이미지가 있어서 시나
         리오 플래닝처럼 제약에 대해서는 생각하지 않습니
         다. 시나리오 플래닝과 백캐스팅, 어느 한 쪽이 뛰어
         난 게 아니라 양쪽 모두 해야 한다고 생각했어요.

교사   말씀 감사합니다. 시나리오 플래닝은 의사 결정을
         하는 것과 어떤 제약이 있는지부터 살펴봅니다. 그
         런데 백캐스팅은 오히려 제약 없이 생각하지요. 발
         상의 방법이 전혀 다른 접근법이에요. 또 있을까요?

M   시나리오 플래닝의 키워드는 '위기감'입니다. 회사
         를 존속시키기 위해 마이너스 요소를 어떻게 해결
         할지 생각하는 느낌이 강해요. 반대로 백캐스팅은
         '기대감'이 있기 때문에 플러스 방향으로 발전시키
         기 위한 방법을 생각하는 느낌입니다.

교사   그렇군요. 역시 각각 용도가 다르고 효과도 다릅니다. 마지막으로 한 분의 이야기를 더 들어 볼게요.

N   시나리오 플래닝은 예측할 수 없는 미래에 대비하는 것이 목적이기 때문에 환경 변화에 순응하기 위해서 무엇을 해야 하는지 생각합니다. 백캐스팅은 스스로 미래를 그리는 이미지고요.

교사   시나리오 플래닝은 철저하게 외부의 환경 변화를 PEST 분석하는 것부터 시작합니다. 자신들의 희망이 아닌 외부 환경의 변화에 대응하는 것이죠. 그런데 백캐스팅은 자신들이 원하는 주체적인 방향으로 미래를 만들어 갑니다.

       백캐스팅 부분에서 또 하나 '공동 창조'라는 키워드를 설명하겠습니다. 글자 그대로 함께 만든다, 혹은 아무것도 없는 지점부터 모두 활발하게 커뮤니케이션해서 만드는 것입니다. 앞에서 했던 비즈니스 임프로비제이션 워크에서는 예상외의 발견이라는 해프닝을 일으켜 그것을 부정하지 않고 쌓아 올리며 아이디어를 파고들었습니다. 그 해프닝에서 다양한 것을 창출하기 위해서였지요.

한편, 시나리오 플래닝은 백캐스팅보다 분석적이고, 논리를 하나씩 쌓아 올립니다. 시나리오를 만들 때 기승전결로 말하도록 했지요. 이런 전개로 시나리오를 발표하면 주변에서 납득하기 쉬울 것입니다. 그러나 반드시 많은 멤버가 공동 창조를 할 필요는 없습니다. 원한다면 혼자서도 실천할 수 있어요.

이렇게 백캐스팅, 월드 카페 워크를 하면 현재 진행하는 대책의 의미도 보인다는 장점이 있습니다. 예를 들어, 2017년에 세븐일레븐이 자전거 공유를 하겠다고 발표했습니다. 이런 뉴스를 들었을 때 평범한 사람이라면 '비즈니스로 생각하면 자전거 셰어링은 돈벌이가 안 될 것 같은데…'라고 생각할지도 모릅니다. 하지만 지금의 여러분은 '미래의 모빌리티 서비스를 위해서 대책을 강구하고 있구나'라고 볼 수 있겠지요. 로손도 간병 상담 창구를 병설한 '케어 로손'을 시작했습니다. 수익성으로만 보면 아직은 별거 아닌 사업처럼 느껴져요. 하지만 여러분은 이게 무슨 의미가 있는지 그 전략상의 의도를 알 수 있을 겁니다.

이렇게 현재 대책의 의미는 미래로부터 보지 않으면 보이지 않습니다. 단지 눈앞의 일에 대증 요법으로 대응하면 비즈니스 모델이 어떻게 전개해 나가야 하는지 구상하지 못합니다. 전략이나 구상은 항상 미래에서 현재를 보는 시점에서 떠오르는 것이니까요.

백캐스팅으로
현재와 미래를 잇는다

교사　미래로부터 백캐스팅해서 발상을 넓히는 접근법을 체험했습니다. 이노베이션을 일으키기 위해 필요한 귀추법의 추론이나 그 훈련인 예스·앤드, 그것을 그룹의 공동 창조라는 형태로 실천하는 월드 카페는 제가 다양한 상황에서 실시해 온 실천적인 방식입니다.

하지만 이것뿐이라면 중요한 조각이 하나 빠져 있는 상태입니다. 그것은 백캐스팅으로 나온 사업 아이디어가 정말로 미래의 사업 구상으로 연결되는지 논리가 충분하지 않다는 것입니다.

스페이스X가 시작하려는 대륙 간 이동 여객 서비스가 정말 화성 이주 계획으로 이어질까? 애플이 낸 아이맥이 아이팟, 아이폰이라는 미래 디바이스의 개발로 연결될까? 그 논리에 대해서 소개하고자 합니다.

사실 현재의 사업이 미래의 구상으로 이어지는 데는 비즈니스 모델의 내부에 강력한 논리가 있습니다. 그것을 어떻게 짜 넣을 것인지 알아보도록 하겠습니다.

전자 상거래 사이트의
비즈니스 모델

조조ZOZO는 의류를 중심으로 한 전자 상거래 사이트 조조타운ZOZOTOWN을 운영 중이다. 전자 상거래 시장이 확장되던 가운데, 인터넷 판매가 맞지 않는다고 일컬어지던 의류 분야에 들어와 사용자 인터페이스의 편리함과 상품 구비 등으로 카테고리 킬러Category Killer(특정 상품에서 다른 업체가 따라오기 불가능한 우위를 점하고 있는 전문 매장이나 브랜드-역주)가 되었고, 순조롭게 실적을 늘려 나갔다. 그러나 아마존이 무섭게 성장하면서 더 이상 규모면에서 따라잡을 수 없게 되었다. 전자 상거래의 분야에서는 아마존 홀로 승리하는 양상을 나타냈다.

ZOZO가 경합하는 아마존은 전자 상거래 분야에서 3가지 강점이 있다고 알려져 있다. 첫째, 압도적인 상품 구비다. 책에서 시작한 사업이 궤도에 오르자 바로 장난감을 취급했고, 이후 가전제품, 의류, 식품 분야까지 확장했다.

둘째, 충실한 배송 서비스다. 아침 일찍 주문하면 당일 배달

되며, 프라임 나우 Prime Now 서비스를 이용하면 최소 1시간 이내에 배송받을 수 있다. 이런 배송 시스템은 하루아침에 흉내 낼 수 없을 만큼 수준이 높아졌다.

셋째, 사이트의 완성도다. 원클릭으로 주문할 수 있는 간단한 사용자 인터페이스는 사용법을 헷갈릴 일이 없고, 구매의 빅데이터를 활용한 검색 시스템에도 상당한 고도의 기술이 사용되고 있다. 원하는 상품을 검색하면 비슷한 상품이 나열되어 간단하게 비교와 검토를 할 수 있다. 아마존이 이런 최신 기술에 투자하는 액수에는 현격한 차이가 있다. 조조도 체형을 정확하게 계측하는 '조조 슈트 ZOZO SUIT' 등을 투입해 기술 우위성에서 앞서려 했지만 실패했다.

이런 아마존의 약진에 대해 쇼핑몰 형태로 다른 비즈니스 모델을 보이는 라쿠텐 Rakuten 은 어떻게 대항하고 있을까? 라쿠텐 카드 등의 금융 서비스나 라쿠텐 슈퍼 포인트 서비스, 라쿠텐 Pay 같은 결제 서비스는 충실하다. 대표 미키타니 히로시가 말하는 '라쿠텐 경제권'은 넓어지고 있지만, 상품 구비, 배송, 검색 등에서 밀리고 있는 듯이 보인다.

아마존과 라쿠텐은 쇼핑 사이트로 같은 서비스를 제공하면서도 본질적인 비즈니스 모델이나 경쟁 전략은 크게 다르다. 아마존의 사각지대는 어디일까? 라쿠텐은 어떤 전략을 진행하고 있을까? 그 속에서 조조는 어떻게 생존할까? 규모면에서 맞서기 위해 대형 인터넷 기업과 경영을 통합하는 등의 전략으로 전환해야 할까? 그 기로에 서 있다.

순위	회사명 사이트명	전 분기실적		주요 판매처						전자 상거래화 비율(%)	이번 분기 전망	주요 상품	결산액
		전자 상거래 매출액 (백만 엔)	증감율(%)	자사	라쿠텐	야후	아마존	au	기타		전자 상거래 매출액 (백만 엔)		
1	◎아마존 재팬 amazon.co.jp	1,528,100	14.3	○						100	-	종합	12월
2	요도바시 카메라 요도바시.com	121,277	9.3	○						100	-	가전	3월
3	ZOZO ZOZOTOWN	118,405	20.3	○						100	136,000	의류	3월
4	◎빅카메라 빅카메라.com	86,000	17.8	○	○	○	○	○	○	100	-	가전	8월
5	유니클로 유니클로 온라인스토어	63,063	29.4							100	-	의류	8월
6	◎이온	※62,000	-	○						100	-	식품	2월
7	조신 전기 Joshin 인터넷 쇼핑	※58,000	-		○	○	○	○	○	100	-	가전	3월
8	디노스 세실 디노스 / 세실 온라인숍	수57,074	▲4.4	○	○	○	○	○		53	-	종합	3월
9	자파넷다카타 자파넷다카타	※57,000	5.9	○	○					28	-	가전	12월
10	센슈카이 벨르메종	※55,000	-	○	○	○	○		○	67	-	종합	12월

출처: 《월간 인터넷 판매》 2019.10

[도표60] 인터넷 판매를 하는 상위 기업 10개사(2019년)

끊임없는 진화를 위한
자기 강화 고리

교사   마지막 세션입니다. 간단한 질문부터 시작할게요. 아마존에서 자주 쇼핑하는 분은 손을 들어 주세요. 거의 전원이군요. 압도적인 점유율이네요. 그럼 프라임 회원이신 분은요? 80% 정도네요. 감사합니다. 그러면 라쿠텐에서 자주 쇼핑하는 분도 계십니까? 아, 많지 않군요. 이 교실 안에서는 아마존과 라쿠텐의 비율이 9대 1 정도예요. 감사합니다.

아마존은 이미 독식이라고 해도 과언이 아닙니다. 자료에 나와 있듯이 아마존의 2019년 일본 내 매출액은 약 1조 5,000억 엔이었어요. 2위는 요도바시 카메라로 매출액은 1,200억 엔인데, 아마존의 10분의 1 이하입니다. 더욱 곤란한 것은, 아마존의 성장률은 아직도 14%인데 요도바시 카메라는 9%라는 것입니다. 이대로는 격차가 계속 벌어지겠지요.

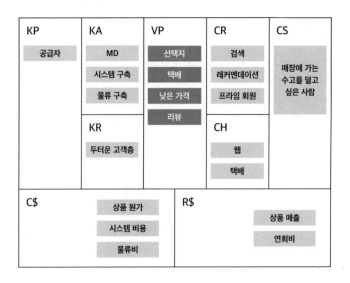

KP	KA	VP	CR	CS
공급자	MD 시스템 구축 물류 구축	선택지 택배 낮은 가격 리뷰	검색 레커멘데이션 프라임 회원	매장에 가는 수고를 덜고 싶은 사람
	KR 두터운 고객층		CH 웹 택배	

C$		R$	
	상품 원가 시스템 비용 물류비		상품 매출 연회비

[도표61] 아마존의 비즈니스 모델

그런데 비즈니스 모델 자체를 보면 별로 특징적인 것은 없습니다. 비즈니스 모델 캔버스를 그려 봐도 아마존과 요도바시 카메라는 큰 차이가 없어요. 그럼에도 아마존이 독식하는 이유는 무엇일까요?

L 사고 싶은 물건이 언제든 갖추어져 있으니까요.

교사   맞아요. 첫 번째는 상품이 매우 풍부하게 구비되어
     있다는 점입니다. 이건 어느 곳에도 지지 않습니다.
     몇 가지 더 말씀해 주시겠어요?

L   배송이 빠릅니다. 아마존 프라임에 가입하면 배송
     비도 무료예요. 그리고 자신의 구매 이력을 통해 추
     천 상품을 표시해 줍니다.

교사   네, 압도적인 배송의 편리성과 명확하게 추천하는
     레커멘데이션Recommendation도 있지요. 검색한 상품
     과 같은 가격대의 상품을 단숨에 표시할 수도 있는
     매우 고도의 검색 엔진입니다. 또 있을까요?

M   막대한 투자를 아낌없이 해요. 수비에 들어가지 않
     고 계속 공격하고 있는 부분이라고 생각합니다.

교사   네. 그래서 틈이 없는 거군요. 타사가 따라잡으려고
     해도 도저히 따라잡을 수가 없어요.
     아마존의 CEO 제프 베이조스Jeff Bezos가 냅킨에 그
     린 유명한 메모를 소개합니다. 이것이 아마존의 강

함을 상징적으로 나타내고 있다고 합니다. 이 그림
은 아마존 내에서도 공유되고 있는 내용입니다.¹⁵

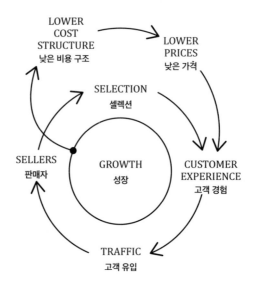

고객 경험이 향상되면 아마존의 사이트에 고객이
더 많이 방문해 트래픽이 증가합니다. 이렇게 트래
픽이 늘어나면 이번에는 아마존에서 판매하고 싶다
는 기업이 증가합니다. 그러면 상품 라인업이 증가
하고, 그것이 고객 경험을 더욱 향상시킵니다.

아마존은 맨 처음 서점에서 출발했지만 거기서 멈추지 않았습니다. 수익이 오르고 반응을 느끼자 잡화를 팔기 시작하는 식으로 점점 상품의 라인업을 늘렸습니다. 1994년 창업한 아마존보다 조금 늦게 1997년 대형 서점 체인 반스앤노블Barnes & Noble이 전자 상거래 시장에 들어왔지만, 그들은 서적 판매가 주력이었고, 상품 라인업의 확대는 아마존이 훨씬 빨랐습니다. 이 시점에서 비전이 크게 달라집니다. 선택지가 증가하면 고객은 더욱 만족하고, 판매 업자도 증가해 선택지는 점점 증가합니다.

그리고 또 하나 중요한 것은 선택지가 늘어나고 사업이 성장할수록 '규모의 경제'가 작용해서 전체 비용을 낮출 수 있다는 점입니다. 이것은 월마트 Walmart의 전략을 참고로 했다고 해요. 제프 베이조스는 월마트에 라이벌 의식이 있었으며 동시에 존경하기도 했습니다. 1997년에는 월마트의 간부를 뽑아서 최고 정보 책임자로 앉혔죠. 아마존 초기에는 월마트의 EDLPEveryday Low Price 전략을 본떠서 현재의 프라임제와 같은 저가 이벤트는 하지 않았습니다.[16] 당시에는 어쨌든 간에, 항상 저렴한 가격으로 판매해서 고객 경험을 향상시켜 갔습니다. 이런 사이클을 타사보다 빠른 주기로 돌리면 절대 따라잡히지 않는다고 생각해서 우직하게 거듭했습니다.

그 일례를 소개하지요. 아마존은 2011년에 가전에서 공세를 펼쳤습니다. 가령 같은 해 10월에 12만 엔이었던 DVD 레코더가 11월에는 6만 엔 남짓으로 떨어졌죠. 게다가 이 가격은 납품가보다 저렴했어요. 적자로 판 거예요. 그 후에도 전략적으로 가격을 점점 내려서 마지막에는 4만 엔까지 내려갔습니다. 이때도 납입 가격은 5만 엔 정도였어요.

이런 전략적인 상품을 몇 개나 라인업에 추가해서 고객 만족도를 높였습니다. 당시 전기 제조사의 사원은 아마존 측으로부터 "적자액이 판매 가격의 10%가 되는 가격으로 납품해 주었으면 한다"라는 교섭을 제의받았다는 이야기도 있습니다. 아마존과의 미팅에서만 나오는 협상이죠.

결과적으로 이 전략은 대성공을 거두었습니다. 아마존에서 가전을 구매하는 것이 사용자의 행동으로
결과적으로 이 전략은 대성공을 거두었습니다. 아

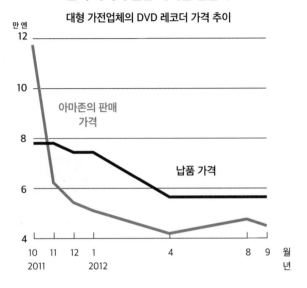

판매 가격이 납품 가격을 밑돌다

대형 가전업체의 DVD 레코더 가격 추이

만 엔

아마존의 판매
가격

납품 가격

10   11   12   1   4   8   9   월
2011   2012   년

[도표63]   아마존의 가전 공세

마존에서 가전을 구매하는 것이 사용자의 행동으로
일반화되었고, 대량 판매 덕분에 이듬해부터는 대
량으로 매입하게 되었습니다. 그러면 매입가가 내려
가고 가격을 더 낮출 수 있지요. 이후에도 아마존은
전략적 상품군에 대해 적자를 각오로 판매해 나가
며 규모를 확대했습니다.

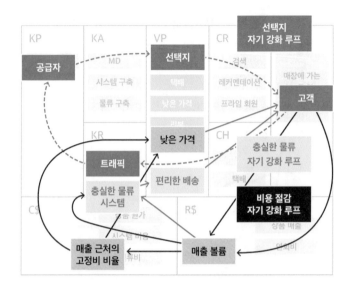

[도표64] 아마존의 자기 강화 루프

이런 사이클을 자기 강화 루프라고 합니다.[17] 위의 그림을 보면서 들어 주세요. 고객이 증가하면 트래픽이 증가하고, 공급자가 증가하며, 선택지도 증가합니다. 이것이 선택지의 자기 강화 루프입니다.

고객이 늘어나면 볼륨이 증가하므로 낮은 가격으로 제공할 수 있습니다. 이쪽은 비용 절감의 자기 강화 루프입니다. 그리고 고객이 증가하면 매출이 성장해 물류 시스템이 충실해지고, 편리한 배송을 할 수 있는 충실한 물류의 자기 강화 루프가 됩니다. 아마존의 비즈니스 모델은 강해질수록 이용객이 증가해 더욱 강해지는 다양한 자기 강화 루프로 구성되어 있습니다.

2강에서 비즈니스 모델 구축의 3가지 레벨에 대해 설명했습니다(90쪽 참조). 비즈니스 모델 캔버스는 레벨 1의 '체크리스트'만이 아니라 레벨 2의 '스토리'에 따라 원하는 사업이나 가치 창조의 구조를 명확히 해서 사업 구조를 제대로 파악하는 도구로 삼아야 한다는 이야기를 했습니다. 그리고 레벨 3의 '끊임없는 진화'는 구조가 생성하고 변화하는 비즈니스 모델이었습니다. 아마존에서는 자기 강화 루프라는 논리를 통해 구조를 진화시키고 있습니다.

자기 강화 루프 그리기의
세 가지 이점

교사   이렇게 자기 강화 루프를 그리는 일은 비즈니스 모델을 이해하는 데 도움이 됩니다. 여기에서는 3가지 이점을 지적하고 싶습니다.

먼저 선행자 우위를 확립할 수 있다는 점을 들 수 있습니다. 예를 들어, 세븐앤아이홀딩스가 제공하는 전자 상거래 사이트 옴니7을 봅시다. 아마존에 필적하는 사이트를 만들고자 출시한 서비스입니다. 그래서 옴니7을 보면 톱페이지부터 상품 페이지까지 아마존과 아주 비슷합니다.

세븐앤아이홀딩스는 성공한 타사를 모방하는 팔로워 전략에 매우 능숙하다고 합니다. 예를 들어, 패밀리마트에서 판매하는 치킨이 잘 팔린다는 것을 알고 즉시 비슷한 치킨을 출시했습니다. 게다가 더 맛있도록 개량해서 화제를 부르고 있어요. 이렇게 다른 회사가 한 사업을 보고 성공하겠다 싶으면 바로 따라 합니다. 이른바 '팔로워 전략'이죠.

세븐앤아이홀딩스는 전자 상거래 사이트에서도 팔로워 전략을 내세웠습니다. 그런데 옴니7의 상품 페이지를 보면 리뷰가 극히 적어서 사용자가 볼 때는 비교와 검토가 불가능합니다. 심지어 열람자가 적은 일부 상품에서는 추천 상품에 전혀 관계없는 상품이 나옵니다.

아마존의 경우는 시스템의 정확도가 매우 높아 어떤 상품이라도 정확하게 추천 상품을 제시합니다. 아마존은 지금까지 쌓은 방대한 구매 정보라는 빅데이터를 가지고 있는 데다 레커멘데이션의 기술 개발에 막대한 투자를 하고 있기 때문에 타사는 금방 따라 잡지 못하고 있습니다. 유통 강자인 세븐앤아이홀딩스조차 흉내 내지 못합니다.

자기 강화 루프를 도입해서 압도적인 선행자 우위가 확립되어 있는 것입니다. 이것이 자기 강화 루프를 그리는 일의 첫째 이점입니다.

그런데 라이벌인 라쿠텐의 자기 강화 루프는 어떻게 되어 있을까요? 이쪽도 살펴봅시다.

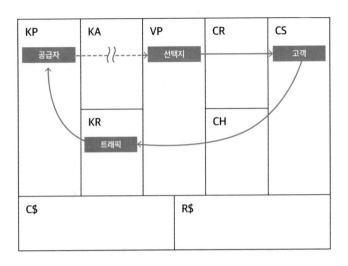

[도표65] 라쿠텐의 자기 강화 루프

고객이 증가하고, 트래픽이 증가하고, 공급자도 증
가합니다. 여기까지는 괜찮아요. 다만 유감스럽게도
여기부터 선택지가 증가하는 루프는 쉽게 되지 않
네요. 라쿠텐은 쇼핑몰 형태의 비즈니스 모델이기
때문에 판매자인 출점자가 어떤 상품을 판매할지
결정합니다. 따라서 팔리지 않는 상품은 접기 때문
에 일정 규모까지 가면 선택지가 늘어나지 않지요.
사실 연간 랭킹에는 비슷한 상품들이 나열되어 있
습니다. 반면에 아마존은 자신들도 매입을 진행하므

로 팔리지 않는 상품이라도 롱테일 수익을 노려 계속 판매할 수 있습니다.

라쿠텐은 사실 선택지 강화에 주력하는 아마존과는 다른 자기 강화 루프로 비즈니스를 이겨내려고 하고 있습니다. 아까 라쿠텐을 사용한다는 분이 계셨죠? 어떤 이유로 사용하고 계신가요?

N 라쿠텐에만 있는 제품이 있어서 그걸 사기 위해서 사용하고 있습니다.

교사 분명 식품 종류는 라쿠텐 쪽이 강하지요. 또 다른 이유가 있나요?

O 포인트가 잘 쌓여요. 출장 갈 때도 라쿠텐 트래블을 사용하면 포인트가 많이 모입니다.

교사 포인트가 크군요. 그러면 라쿠텐 카드는 가입하셨어요?

O 네, 가입되어 있어요.

교사 바로 그것이 라쿠텐의 전략입니다. 이용 고객에게
포인트를 주고 카드에 가입하게 해서 재구매를 촉
진하고 프로모션 비용을 늘려 가지요. 이렇게 회원
가입의 자기 강화 루프로 승부하는 비즈니스 모델
입니다.

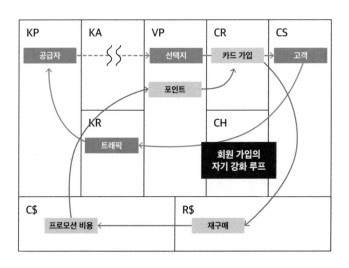

[도표66] 라쿠텐의 숨은 자기 강화 루프

그렇다면 라쿠텐은 얼핏 아마존의 라이벌 같지만,
사실 이미 직접적인 경쟁이라고는 말할 수 없습니
다. 포인트 제도에 따른 확보 전략을 생각하면 오

히려 T포인트나 nanaco, Ponta, 나아가 PayPay나 LINE Pay 등의 포인트, 결제 생태계가 라이벌이라고 할 수 있겠네요.

이처럼 비즈니스 모델이 비슷하더라도 자기 강화 루프를 그려 보면 전략이 보입니다. 자기 강화 루프를 그리는 일의 둘째 이점은 경쟁 전략을 명확히 할 수 있다는 것입니다.

중기 경영 계획의 책정할 때 종종 그 계획을 현장에서 이해하지 못하는 경우가 있습니다. 그 계획 속에 이런 자기 강화 루프가 그려져 있지 않기 때문입니다. 아마존처럼 "우리는 이 루프로 이길 것이다"라는 명확하고 심플한 전략이 공유된다면 회사 내의 모든 사람이 거기에 특화되어 나아갈 수 있을 것입니다. 승산이 그려지지 않은 중기 경영 계획을 세우기 때문에 현장에서도 무엇을 해야 좋을지 몰라서 혼란스러워지는 것입니다. 전략은 누구나 공유할 수 있는 자기 강화 루프를 그려서 공유해야 합니다.

마지막 이점은 규모의 크기를 정하는 전략을 그릴 수 있다는 점입니다. 아마존은 세계 최대의 온라인 서점에서 시작해서 무엇이든 취급하는 슈퍼 스토어가 되었습니다. 이제는 쇼핑뿐 아니라 킨들, 프라임 비디오 같은 온갖 디지털 콘텐츠를 유통하는 플랫폼이 되었죠. 자기 강화 루프가 짜여 있기 때문에 실현할 수 있었던 거예요.

앞의 강의에서 미래로부터 백캐스팅을 체험하는 워크를 실시했지요. 백캐스팅이 미래에서 현재로 가는 방향이라면 자기 강화 루프는 현재에서 미래로 가는 방향입니다. 미래로부터 하는 백캐스팅에 이런 자기 강화 루프를 조합하면 한층 더 사업에 설득력이 생길 것입니다.

선행자 우위를 확립할 수 있다
경쟁 전략을 명확히 할 수 있다
규모의 크기를 정하는 전략을 그릴 수 있다

[도표67] 자기 강화 루프를 넣는 장점

초기의 소규모
비즈니스 모델

미래의 대규모
비즈니스 모델

미래를 향한 자기 강화 루프

미래로부터 백캐스팅

[도표68] 현재와 미래를 연결하는 두 개의 방향

돌이켜보면 5강의 시나리오 플래닝, 6강의 백캐스팅과 자기 강화 루프는 모두 비즈니스 모델을 동적으로 파악하기 위한 접근 방식이었습니다. 비즈니스 모델은 '모델'이라는 말이 붙어 있지만 결코 정태적이지 않아요. 생물처럼 늘 움직이고 있죠. 그 비즈니스 모델을 시나리오나 시간축, 그리고 시스템적으로 파악해서 그 생성의 변화를 파악해 왔습니다.

마지막으로 2강에서 언급한 경쟁 우위의 단계에 대해서 전략 스토리의 레벨을 다시 한 번 설명하겠습니다. 이것은 그야말로 자기 강화 루프와 같은 선순환으로 나아갈 수 있을 때 생겨나는 경쟁 우위입니다. 지속적 우위의 원천에 '일관성, 상호 효과'가 있는데, 이것이 자기 강화 루프입니다. 고객이 늘어나면 판매할 사람이 늘어나고 라인업이 늘어나며 고객이 더 늘어납니다. 거래가 늘어나면 빅데이터가 늘어나고 레커멘데이션이 정교해지며 고객이 더 늘어나 거래가 늘어납니다. 이런 선순환을 통한 경쟁 우위가 전략 스토리입니다. 레벨 4의 크리티컬 코어에 비하면 조금 레벨은 내려가지만, 홀로 이겨 나가기 위한 큰 포인트가 된다는 것을 기억해 주세요.

경쟁 우위의 종류		지속적 우위의 원천
레벨 4	크리티컬 코어	동기의 부재 의도적인 모방 기피
레벨 3	전략 스토리	일관성, 상호 효과
레벨 2	조직 능력	암묵성
	포지셔닝	이율배반적 관계
레벨 1	업계 경쟁 구조	선행성
레벨 0	외부 환경의 순풍	

[도표69] **경쟁 우위의 단계**

이제 6강을 마치겠습니다. 이것으로 비즈니스 모델 구축에 관한 기초를 확실히 파악했을 것입니다. 비즈니스 모델은 다양한 요소들이 관련된 하나의 구조이며, 직접 눈에 보이지 않습니다. 그러나 가치 제안이나 경영 전략, 경쟁 우위나 기업 문화 등이 생겨나지요. 어떤 구조로부터 그런 것이 생겨 왔는지, 그런 구조를 어떻게 만들어 낼지, 케이스와 필드를 통해 반복해서 검토해 왔습니다.

구조를 다룰 수 있다면 비즈니스를 전체적으로 내려다볼 수 있는 비즈니스 리더로서 반드시 맹활약할 수 있다고 생각합니다. 여러분의 활약을 기대하겠습니다. 감사합니다.

미주

1. 이브 피뉴르, 알렉산더 오스터왈더, 《비즈니스 모델의 탄생(Business Model Generation)》
2. 에버렛 M. 로저스, 《개혁의 확산(Diffusion of Innovations)》
3. 미하이 칙센트미하이, 《몰입(Flow: The Psychology of Optimal Experience)》
4. 에드 미카엘스, 헬렌 핸드필드 존스, 《The War for Talent》
5. 와세다 대학의 이노우에 다쓰히코 교수는 모방을 통한 창조라는 맥락에서 수·파·리 모델링이라는 개념을 제시하고 있다. 타사를 표본으로 두고 따라 할 때 일어나는 자사의 모순을 더 높은 차원에서 해소하는 일로, 새로운 사업을 창조하는 프로세스로서 파악하고 있다. 반면에 여기에서 말하는 수·파·리 모델은

모방하는 사업의 배경에 있는 구조를 생성, 변화시킨다는 점을 강조한 것이다.

6. 피터 로위는 디자인 사고의 최적의 정답을 향해서 시행착오를 통해 점진적으로 문제를 해결해 나가는 과정으로 기술했다. "디자인 특유의 한계가 있는 추리적 능력을 바탕으로 창조적인 문제 해결을 하려는 것이다. 여기서 한계가 있는 추리적 능력이란 인간 문제에 대한 해답자가 당장 그 문제에 가능한 해답을 주는 경우는 드물며, 그 문제의 조건으로 그때 필요하다고 생각되는 해답을 준다는 선택을 일단 해놓는다는 개념이다."(피터 로위,《Design Thinking》)

7. Apple 'Apple –WWDC 2017 Keynote', https://youtu.be/oaqHdULqet0?t=351, 2017년6월9일(최종 열람일 2020년 5월 10일)

8. 데이비드 J. 티스, 《A dynamic capabilities-based entrepreneurial theory》

9. 조지프 슘페터, 《경제발전의 이론(Theorie der wirtschaftlichen Entwicklung)》

10. 리처드 돌프, 토마스 바이어스, 《Technology ventures》

11. 실바노 아리에티, 《Creativity : the magic synthesis》

12. 보통의 예스·앤드 게임에서는 2-3분의 짧은 장면을 만든다. 여기에서는 대상을 만든다는 제약을 둔 뒤 예스·앤드 게임을 실시한다.

13. '진정한 혁신적 과학을 위해 미지의 영역에 뛰어드는 것이 꼭 필요한 이유' https://www.ted.com/talks/uri_alon_why_science_demands_a_leap_into_the_unknown/

14. 후아니타 브라운, 데이비드 아이잭스, 《월드 카페(The world cafe)》

15. 이 착상에 도달한 것은 2001년 무렵이다. 《좋은 기업을 넘어 위대한 기업으로》 등의 저서로 유명한 비즈니스 컨설턴트 짐 콜린스를 초빙한 경영진과 대표이사의 사외연수 중에서 위대해질 수 있는 분야를 특정하고 자기 강화의 순환을 발견하는 것이 중요하다고 지적되었다. 그 결과, 이 결론에 도달했다. (브랜드 스톤,《아마존, 세상의 모든 것을 팝니다The everything store》)

16. 베이조스는 순환의 도표와 같은 시기에 이 아이디어에 도달해, 몇 년 동안 다음과 같이 말했다고 한다. "소매점은 두 종류로 나눌 수 있습니다. 어떻게 하면 가격을 높게 설정할 수 있을지 생각하는 가게와 어떻게 하면 가격을 낮출 수 있을까를 생각하는 가게입니다. 우리가 지향하는 것은 후자입니다.(브랜드 스톤, 《아마존, 세상의 모든 것을 팝니다The everything store》)

17. 시스템 사고에서는 현상을 촉진, 증강하는 자기 강화형 루프와 현상에 제동을 거는 밸런싱형 루프라는 두 가지 기본 구성 요소를 통해 세상 현상의 배후에 있는 구조를 파악한다. 이 둘을 조합하여 시스템 원형을 구성하게 된다.(피터 센게, 《학습하는 조직The fifth discipline》) 비즈니스 모델도 하나의 시스템이다. 비즈니스 모델을 정적이 아니라 동적인 시스템의 움직임으로 파악하는 것이 중요하다.

마치며

구리모토 히로유키 栗本博行

나고야 상과대학 이사장

정답 없는 물음에
마주한 MBA 교육

MBA 교실에서는 흔히 극단적인 질문을 던진다. 예를 들어 "당신이 케이스의 주인공이라면, 부하 직원이 털어놓은 15년 전의 부정 거래를 공표하겠습니까? 아니면 그냥 묵과하겠습니까?"와 같은 질문이다. 물론 절대적인 정답은 없다.

원래 비즈니스에서 정답이 무엇인지 생각해 보면 상상이 가겠지만, 누구나 자신의 행동을 옳다고 믿고 결단하면서도 훗날 다른 선택 사항에 마음이 흔들리는 것이 다반사다. 결단력이나 판단력은 절대적인 정답이나 정의를 전제로 하기 쉽지만, 미묘하게 상황이 다르면 결론이 달라지기 마련이다. 그리고 보면 MBA 교육이 지향해야 할 곳은 정답 자체나 정답을 찾는 능력을 높이는 자리가 아니라, 실패를 두려워하지 않거나 실패를 통해 배우는 자세를 배우는 자리라고 바꿔도 좋을 것 같다.

이 책은 사람(리더십), 물건(경영 전략과 마케팅), 돈(행동경제학) 및 지혜(비즈니스 모델)의 네 가지 관점으로 구성했다. 모두 MBA의 필수 과목인 동시에 매니지먼트 교육의 첨단 영역이다. 유사한 서적도 존재하지만, 대부분 경영 콘셉트의 해설서이며, 강의 형식의 학과 단계를 벗어나지 않는다. 이 책의 시리즈가 목표로 하는 것은 MBA 후보생이 케이스 메소드라고 불리는 다이내믹한 학문을 갈고닦으며 차세대 리더로서 성장하는 모습을 간접 체험하는 것이다. 우선 협력해 주신 교수진뿐 아니라 참가자 분들과 사무국 직원분들에게도 이 자리를 빌려 깊이 감사드린다.

앞에서 말했듯이 MBA 교육은 경영학에 관련된 전문 지식과 능력을 얻는 자리가 아니라 리더의 내면에 깃든 자세 자체를 키우는 자리여야 한다. 최신 케이스나 유행하는 이론을 좇는 것을 삼가면서 고등 교육기관과 연구자가 교실에서 얼마나 이론과 실천의 균형을 유지해야 하는가? 본교는 그 물음에 마주하면서 케이스 메소드를 만났다.

양질의 매니지먼트 교육을 추구함에 있어 '참가자 중심'의 토의를 실시하는 케이스 메소드 이외의 교육 방법을 부정할 의도는 없지만, 교과서 위주의 수업과 더불어 교원의 자기 의견이 구구절절 설명되는 교실에서 뛰어난 리더가 성장하는 상황을 상상하기 어려운 것은 나뿐이 아닐 것이다. 사실 100년이 넘는 오랜 세월 동안 전 세계의 리더 교육으로 꾸준히 사랑받아 온 이 교수법을 추구하는 과정에서, 수많은 훌륭한 연구자를 만나면서 의미 있는 일을 겪었다. 이 책은 이런 대처의 중요한 부분을 조금이라도 많은 사람이 접할 기회를 제공한다.

오해투성이의
MBA 교육

MBA 교육이란 리더 교육이며, 얼마나 뛰어난 리더를 육성하는지가 전 세계 비즈니스 스쿨에 주어진 영원한 과제다. 한편으로 MBA 입시 면접장에서 경영의 지식을 찾아 MBA의 문을 두드리는 지원자들을 수도 없이 만난다. 만약 경영 지식을 얻고 싶다면 MBA라는 2년간의 학습 기간보다 훨씬 단기간에 확실하고 저렴하게 달성할 수 있는 다른 방법을 추천하고 싶다. 우리가 이상으로 삼는 MBA 교육은 불확실하고 한정된 정보로 고뇌의 결정을 내리는 경영자의 의사 결정을 간접 체험하며 리더로서 역량을 높이는 자리다.

이런 전제에서 '비즈니스 스쿨=MBA 교육'이라는 단순한 이야기가 아니라는 점을 일단 명확히 해 두고자 한다. 많은 사람이 MBA라고 하면 쟁쟁한 리더를 길러 낸 하버드 비즈니스 스쿨(이하 HBS)을 떠올릴 것이다. 하지만 HBS는 대학원 과정과 비학위 과정의 사회인 교육에 초점을 맞추고 있으며, 이는 비즈니스 스쿨의 한 형태다. 비즈니스 스쿨은 매니지먼트 교육에 관련된 학사 과정, 석사 과정, 박사 과정 및 비학위 과정을 제공하는 고등 교육기관이며, …School of Business, 혹은 …School of Management로 활동하는 형태가 일반적이다. 예를 들어 HBS에서 도보거리에 위치한 MIT 슬론 경영대학원MIT Sloan School of Management등 많은 명문 비즈니스 스쿨은 학사 과정부터 박사 과정까지 폭넓은 참가자를 대상으로 매니지먼트 교육을 제공하고 있다.

	학사 과정	석사 과정	박사 과정
연구 지향	BSc	MSc	PhD
실천 지향	BBA	MBA	DBA

[표1] 비즈니스 스쿨에서 제공하는 학위의 기본 유형

학위의 관점에서 정리하자면 전 세계 비즈니스 스쿨에서는 보통 경영학에 관련된 학사 학위(BSc/BBA), 석사 학위(MSc/MBA), 박사 학위(PhD/DBA)를 수여하고 있다. 그리고 조금 복잡하지만 이들 교육 과정은 연구 지향(BSc/MSc/PhD)과 실천 지향(BBA/MBA/DBA)으로 구분할 수 있으며, 전자는 학술색이 짙은 연구자 양성형이고, 후자는 실천색이 짙은 실무자 양성형이다. 또한 육성하는 인재의 모습에 따라 참가 요건으로 실무 경험을 전제하는 경우가 많고, 10년 정도[1]의 실무 경험을 필요로 하는 Executive MBA, 5년 이상의 실무 경험을 필요로 하는 DBA[2], 3년 이상의 실무 경험을 필요로 하는 MBA[3], 그리고 실무 경험을 필요로 하지 않는 PhD, MSc[4], BBA, BSc로 나뉜다.

영역의 관점에서 정리하자면 MBA는 실천적인 매니지먼트 교육을 망라해서 제공하는 장소인데, MSc는 특정 영역의 전

문 교육을 체계적으로 제공하는 장소라고 정의할 수 있다. 따라서 MBA는 조직 전체를 부감해서 의사를 결정하는 인재 양성을 목적으로 하고 있지만, MSc는 기업의 특정 영역(예를 들어 재무, 회계, 금융, 생산, 유통, 세무, 판매, 경영 분석 등)에서 고도의 전문 지식을 보유한 인재의 양성을 목적으로 하고 있어 학위 명칭도 영역명을 부여해 표기(예: MSc in Finance)하는 것이 일반적이다.

마지막으로 기간의 관점에서 정리하자면 대학원은 2년(유럽에서는 1년에서 1.5년)의 학습 기간을 필요로 하는 학위 과정과 수일에서 수개월이라는 단기간에 완결되는 비학위 과정으로 분류할 수 있다. 후자는 바쁜 관리직을 대상으로 특정 영역의 화제에 초점을 맞춘 수업이 집중 강의 형식으로 진행되는 경우가 많아 'Executive Education'으로 제공되고 있다. 비록 비학위 과정이라도 학위 과정 담당 교수가 교편을 잡거나 비즈니스 스쿨에서 정식으로 제공하는 교육 과정임을 보여주기 위해 이수증명서Certificate가 부여되는 경우가 많다. 참고로, 잘 알려지지 않은 사실이지만 MBA 랭킹 상위 학교일수록 비학위 과정을 통한 리더 교육이 재정 면에서 중심축이 되는 경향이 있다.

이상의 논의를 토대로 생각해 보면, MBA라는 학위에 해당하는 교육 과정은 무엇을 기준으로 해야 할까? 사실 그 경계는 불분명하고 오해도 많다. 일본의 비즈니스 스쿨에서 이런 점을 정확히 이해하고 교육과정을 전개하고 있는 대학은 유감스럽게도 소수일 것이다. 경영 관련 콘텐츠를 다루다 보면 일단 MBA라고 칭하는 수상한 기준에 따르는 MBA가 시중에 넘쳐나는 실정이라 국제적인 기준으로 학위의 품질을 평가하고 인증하는 시스템의 중요성이 커지고 있다.

학부에서도 활용되는
케이스 메소드 교육

MBA 교육에 참가하려면 실무 경험이 있는 것이 바람직하지만, 케이스 메소드에 참가하기 위해 반드시 실무 경험이 필요한 것은 아니다. 사실 앞에서 서술한 IVEY뿐 아니라 학부 교육에서 케이스 .를 채택한 비즈니스 스쿨은 세계적으로 많다. 특히 학부판 MBA라 할 수 있는 BBA^{Bachelor of Business Administration}는 미국, 캐나다, 프랑스, 홍콩에서 인기 있는 교육과정으로 알려져 있으며, 케이스 메소드로 수업이 제공되는 경우가 많다.

그러나 국내에서 케이스 메소드를 채택하고 있는 곳은 일부의 경영대학원과 기업 내 연수뿐이다.(한국 실정도 비슷하다. - 편집자 주) 앞으로 학부 교육과정이나 고등학교 교육과정에서도 '능동적 학습'이라고 불리는 참가자 중심의 학습법이 교육 방법으로 침투할 것으로 기대된다. 이 영역은 힘들다, 이 인원으로는 힘들다, 실무 경험이 없으면 안 된다…라는 식으로 교원이 케이스 메소드에 거부 반응을 보이는 수많은 패턴을 봐 왔지만, 그것은 정해진 대로 흘러가는 수업을 '안전 운전'하고 싶은 교원 측의 반사적인 반응이다. 하지만 학문 영역이 그 교육 방법이나 연구 방법을 결정하는 일은 없다.

비즈니스 스쿨에 대한 비판

캐나다 맥길 대학McGill University의 경영학자 민츠버그 교수 Henry Mintzberg는 《MBA가 회사를 망친다(원제: Managers Not MBAs)》에서 매니지먼트란 본래 크라프트(경험), 아트(직감), 사이언스(분석)의 3가지가 적당히 섞여야 한다고 주장하며5 사이언스에 치중된 매니지먼트 교육에 대한 경종을 울렸다. 사이언스 편중의 교육으로 제대로 된 관리직을 육성할 수 있겠냐는 주장이다. 이런 민츠버그의 비판과 표리일체가 되는 것이 MBA 랭킹이다. 오해를 무릅쓰고 표현하자면, MBA 랭킹은 '비용 대비 효과 랭킹'이며 MBA 랭킹의 대표격인 FT 랭킹은 조사 항목 전체를 차지하는 졸업생 연봉 관련 항목의 비율이 40%가 넘는다. 즉, 교육의 ROI, 수입 상승을 위한 가치가 있는지를 중시하고 있다. 당연히 등록금을 조기에 회수할 수 있는 인기 업계에 수료생을 계속 보내는 인센티브가 비즈니스 스쿨에 작용했고, MBA 교육은 '컨설턴트와 투자

은행가를 키우는 신부 수업'이라고 불리기도 했다.

동시에 그는 케이스 메소드에 관해서도 "스토리로서, 경험의 기억으로서 케이스는 도움이 될 수 있지만, 그러기 위해서는 역사적 경위를 포함해서 복잡한 현실을 존중하는 것이 조건이 된다. 케이스 메소드는 실제 경험을 보충하는 것이지 실제 경험의 대용품이 되는 것은 아니다"라는 조건을 붙이고 있다. 리얼한 시뮬레이터 훈련만으로 라이벌을 이길 수 있을 만큼 현실 사회의 레이스는 안일하지 않다. 스포츠에서 패배하는 것은 비즈니스에서 파산을 의미한다. 많은 경영자가 판단력, 결단력, 행동력 보다 '이대로는 파산할지도 모른다'라는 공포 감각이야말로 '경영 능력의 원천'이라고 되돌아보는 경우가 많지만, 과연 케이스 메소드로 그렇게까지 몰입감 있는 수업이 가능할까? 다시 한 번 교수도 자문자답할 필요가 있다.

훈련(교실)으로 실천(실무) 비슷한 공포감을 체험할 수는 없고, 마찬가지로 실천에서 훈련만큼 안전하게 실패할 수는 없다. 훈련과 실천의 왕복으로 고조된 감성이야말로 중요하며, 어느 한쪽으로 치우치는 것은 바람직하지 않다. 그러나 미국에서는 MBA 과정 입학자에게 실무 경험을 별로 요구하지 않고, 학부 졸업 후 바로 입학할 수도 있다. MBA 과정도 평일 낮에 수업을 하는 풀타임형이 주류라서 훈련하면서 실천할 기회는 제한적이다. 이런 이유로 실무 경험이 없는 MBA 취득자가 관리직 후보로 채용, 후대되는 경우가 드물지 않다. 민츠버그 교수가 이런 현실에 의구심을 품은 3년 뒤 MBA가 세계를 망칠 수도 있는 상황(리먼 사태)이 발생했다.

국제 인증의 관점

비즈니스 스쿨을 세계 규모로 인증하는 조직은 AACSB, AMBA, EQUIS가 3대 국제 인증기관으로 불리며, 이런 국제 인증의 취득에는 교육과정, 학업 성취도 및 연구실적 등이 정해진 국제 기준을 충족해야 한다. 국가나 지역이 다르면 학교 교육 제도도 다르기 때문에 "MBA 교육이란 무엇인가?" 혹은 "고등 교육기관에서 하는 매니지먼트 교육이란 무엇인가?"라는 본질적인 물음에 대한 국제 기준의 역할을 존중해 세계 비즈니스 스쿨의 약 5%가 이 국제 인증에 대응하고 있다.

당연히 국제 인증 기관마다 중시하는 영역이 다른데, 3대 국제 인증에 공통되는 것은 미션 주도형의 국제적인 교육 연구가 필요하다는 점이다. 비즈니스 스쿨은 인재 육성 목표에서 학습 도달 목표Learning Goals(이하 LG)를 도출해 LG를 달성하기 위한 콘텐츠를 교육 과정으로 구축해야 한다. 그리고 교육 성과로 참여자의 LG 도달을 교원이 직접 측정하면서 이를 개선하기 위한 교육과정을 재검토하는 과정을 AoLAssurance of Learning이라고 부른다. 그야말로 미션을 실현시키기 위해 교육과정이 존재한다는 대전제를 교원 스스로가 이해하고, 그 실현을 향해서 조직적으로 행동해야 한다.

미국을 거점으로 하는 AACSB는 대학의 미션을 중시하는 기관이라고 알려져 있다. LG는 미션으로부터 도출 가능하면서 측정 가능한 요소여야 한다. 더욱이 LG는 특정 학문 영역에 대한 이해도나 지식량이 아니라 학위 과정 이수를 통해 육성되어야 할 측정 가능한 행동 특성(컴피턴시)으로 하는 것이 공통 이해다. AACSB는 기관 인증을 실시하기 때문에 매니지먼트 교육을 제공하는 학부 교육과 대학원 교육이 일체로 인증을 취득해야 한다. 앞에서 설명했듯이 비즈니스 스쿨 교육에 관한 오랜 역사가 있는 서양 사회에서 학부와 대학원은 불가분의 존재라고 생각하고 있기 때문이다.

한편, 영국을 거점으로 하는 AMBA^Association of MBAs는 MBA 교육에 특화된 과정 인증을 실시하여 교육과정을 세부적으로 심사하는 것이 특징이다. MBA 교육에 대한 강한 고집이 있어서 실무 경험 연수나 연간 입학자 수에도 엄격한 조건을 설정하고 있다고 한다. AMBA의 가장 큰 특징은 MBA 교육을 통해 육성되어야 할 13가지 행동 특성이 명확하게 규정되어 있고, 이것이 전체 참가자의 필수 과목군(코어 커리큘럼)이어야 한다는 점이다. MBA라는 세 글자가 붙은 학위를 제공하는 교육 과정은 자동으로 인증 심사 대상이 되며, 5년마다 실시하는 현장 심사에서는 어떤 과목이 AMBA가 규정하는 13가지 영역에 대응하는지 사용한 케이스까지 정밀 조사된다. 아울러 국제적으로 활동하는 기업 및 교육기관과의 교류 네트워크가 어느 정도 기능하는지를 중시하는 것도 AMBA의 특징이다.

그리고 유럽을 거점으로 하는 EFMD가 제공하는 EQUIS 인증은 비즈니스 스쿨의 교육, 연구 및 운영에서 국제성에 대해 중점적으로 심사하는 경향이 있다. 모든 측면에서 국제화가 요구되기 때문에 영어로 학위 과정(MBA/MSc)을 제공하는 것이 실질적으로 필수적이라고 여겨진다. 그중에서도 일본 비즈니스 스쿨에서 가장 난이도가 높은 과제는 연구 성과의 국제성일 것이다. 단순히 영어로 논문이 쓰여 있으면 되는 것이 아니라 인용 빈도가 높은(다른 연구에 영향을 줄 가능성이 높은) 학술연구지에 게재하는 것이 경쟁 영역이다. EQUIS는 교원에게 국제적인 연구자이기를 요구하는 것이다. 당연히 이 인증 기준을 맞출 수 있는 교원은 한정되어 있으므로 국내외에서 우수한 연구원을 채용해야 한다. 또한 EQUIS는 기업 윤리, 기업 통치 및 지속 가능한 경영이라는 리먼 사태에 대응한 주제를 중점 영역으로 하고 있다는 사실도 알려져 있다.

이렇게 어느 국제 인증 기관이든 심사 영역을 차별화하고 있기 때문에 각 비즈니스 스쿨은 미션과 친화성이 높은 인증을 선택한 다음, 개선해야 할 전략 항목에 수치 목표를 설정하여 교원 조직이 그 목표를 향해 가야 한다.

윤리를 가르치기 시작한 비즈니스 스쿨

마지막으로 3대 국제 인증 기관과 코어 커리큘럼과의 관련에서 주목해야 할 것은 기업윤리에 대한 접근이다. 리먼 사태 이후 비즈니스 스쿨은 이 금융 위기에 대해 유죄인지, 아니면 무죄인지 따지는 책임론이 AACSB를 비롯한 인증기관의 국제 회의에서 여러 차례 논의되었다. 사실 금융 위기의 무대가 된 월가의 주인공들을 육성한 것은 그 누구도 아닌 비즈니스 스쿨이었다. 비싼 비즈니스 스쿨의 수업료를 졸업 후에 회수하기 위해 졸업생은 고수익을 기대할 수 있는 금융가에서 일자리를 찾고, 또한 비즈니스 스쿨도 그 금융가의 니즈를 교육과정에 반영시켜 파이낸스 교육에 힘을 쏟았던 것이다.

비즈니스 스쿨이 유죄라는 것은 조금 거친 표현이지만, 회사는 돈을 벌기 위한 도구라는 기업도구설의 입장이 존재한다. 민츠버그의 지적이 예언했듯이 MBA 교육이 제공한 경제 합리성을 추구하는 사이언스를 극한까지 구사한 결과, 리먼 사태를 일으켰다는 생각이다. 비즈니스 스쿨은 이것을 교훈으로 삼지 못하는가? 고등 교육기관으로서 무력한가? 이런 논의에 AACSB, AMBA, EFMD가 함께 도달한 답이 '비즈니스 윤리'다.

윤리를 교실에서 가르치는 것은 도저히 불가능하다, 윤리란 업계, 지역, 종교, 시대 등 많은 요인에 영향을 받는 영역이며 정답이란 없다. 동시에 윤리와 접점을 갖지 않는 학문영역은 존재하지 않는 것도 사실이다. 예를 들어 화제의 빅데이터나 AI는 경영자로서 어떻게 정보 자산과 마주할 것인지(예: 대학생의 구직 활동 데이터를 판매 대상으로 하는가?) 등과 같은 윤리면의 접근은 교원의 능력을 볼 만한 부분이다. 윤리적인 물음을 특정 과목이나 특정 교원에게 강요하는 것이 아니라, 체계적으로 구축된 전체 교육과정에서 어떻게 마주할지에 대한 답이 현재 비즈니스 스쿨에 요구되고 있다.

향후 코어
커리큘럼의 동향

코어 커리큘럼이란 필수과목군이며, 비즈니스 스쿨의 공통 도달 목표이다. 따라서 코어 커리큘럼은 학문 영역이 아니라 미션을 추구하는 데 육성해야 할 행동 특성으로부터 정의되어야 한다. 그리고 행동 특성의 이상적인 형태는 시대와 함께 변화한다는 것을 의식하지 않으면 안 된다. 최근의 동향은 졸업 후의 진로가 기존의 금융가에서 신흥 IT기업으로 변화하고 있다는 점을 의식해 기업가 육성, 디자인 사고, 디지털 변혁, 여성 리더 등의 이슈에 대응한 코어 커리큘럼의 개발이 요구되고 있다.

코어 커리큘럼과 관련하여 개강 형식, 교수법 및 참가자에게도 변화가 보인다. 우선 개강 형식은 일시적으로라도 휴직하는 것이 필요한 풀타임 형태로부터, 일하면서 다시 배울 수 있는 파트타임 형태로 이행하고 있다. 교수법도 전통적인 교실 내 대면 수업에서 최신 기술을 활용한 온라인 요소를 조합하는 것이 불가피해졌다. 마지막으로 MBA 참가자의 다양성이 비약적으로 높아지는 점 등 비즈니스 스쿨을 둘러싼 환경은 확실히 변화하고 있다.

시대가 바뀌면 육성해야 할 인재상도 변하고, 미션도 변하며, 코어 커리큘럼도 변한다. 교원의 의식과 교수법도 변해야 한다는 것을 당연하게 받아들이는 자세가 비즈니스 스쿨의 운영자에게 공유되기를 바란다.

온라인 수업에 도전

2020년 3월 7일에 개최된 FD회의[6]에는 긴장감이 넘쳤다. 화제는 공중위생 악화에 따른 원격 수업의 전면 이행에 관한 정보 제공이었다. 2월 하순에는 교환 유학생의 출입국이 어려워져서 상황의 악화를 감지한 많은 국제 인증 학교는 원격 수업으로 이행할 준비를 수면 아래에서 진행했다. 원격 수업을 실시하기 위한 설치 기준의 요건은 알고 있었지만, 학생의 반응이 어떨지 미지수 상태에서 하는 준비였다. 어떻게 하면 토론형 수업을 원격으로 할 수 있을까?

원격 수업은 3종류(동기형/수록형/배포형)가 존재하고, 옥석을 가릴 수 없는 상태였기 때문에 교육 효과에 회의적인 교원이 적지 않았다. 우리는 교실 공간과 동일한 기능을 가상 공간에서 찾는 것이 아니라 교육기관으로서 본연의 기능으로 되돌아가는 것을 중시했다. 특히 교실 공간을 최대한 활용하는 케이스 메소드 수업을 가상 공간에서 하려면 미성숙한 시스템을 비판하는 것이 아니라, 적용 가능한 환경에서 최고의 수업을 제공하는 유연한 자세가 반드시 필요했다. FD회의의 사흘 뒤인 3월 10일, 하버드 대학은 학부 및 대학원 수업을 3월 23일 신학기부터 원격으로 전환한다고 발표했다.

마음의 버팀목은 교육을 지속하려는 강한 신념, 라이브형 원격 수업 운용 실적(후생노동성 위탁 사업), 원격 수업에 관한 HBSP의 정보 제공7, 그리고 오랜 세월에 걸쳐 지속해 온 노트북 무상 양도 제도였다. 남은 한 달 동안, 교원은 정보 교환과 검토 회의를 거듭하고 직원도 학생 설명회를 반복하면서

수업 참여, 출석 확인, 정기 시험 및 성적 평가에 관한 방침을
가다듬었다.

5대륙 33개국에서 학생들이 참가한 봄 학기는 처음에 세운
일정대로 완료되어, 수업 만족도는 전년도의 교실 수업과 동
일한 수치가 되었다. 출석률도 큰 폭으로 높아지는 결과가
나왔다. 케이스 메소드 수업은 풍부한 학습 경험을 제공함과
동시에 교육기관을 강하게 한다고 실감한 봄이었다.

미주

1. Executive MBA의 참가 요건에 명확한 기준은 존재하지 않으나 MBA(실무 경
   험 3년 이상)라고 구분하기 위해서 실무 경험 10년 정도로 설정되는 것이 일반적
   이다.
2. 국제 인증기관 Association of MBAs[AMBA]가 정하는 DBA criteria for
   accreditation 5.3을 근거로 한다.
3. DBA와 마찬가지로 AMBA가 정하는 MBA criteria for accreditation 5.3
   을 근거로 한다.
4. 매니지먼트 영역을 체계적으로 다루는 경우 학위는 Master of Science in
   Management가 되고 MScM/MIM/MSM이라고 생략하는 경우가 많다.
5. Mintzberg, H. (2005). Managers Not MBAs: A Hard Look at the Soft
   Practice of Managing and Management Development. Berrett-
   Koehler Publishers.
6. Faculty Development의 약칭, 대학 교원의 능력을 높이기 위한 실천 방법
   을 검토하는 회의.
7. https://hbsp.harvard.edu/inspiring-minds/8-tips-for-teaching-
   online(Harvard Business School Publishing 3/29/2019)

마치며

비즈니스 스쿨이 리더 교육을 실시하는 데 필수 불가결한 것이 케이스 메소드의 실천이다. 케이스 메소드만이 리더 교육이라고 주장하는 것은 삼가고 있지만(사실 조금은 그렇게 생각한다) 그 방법을 조직적인 교육 문화로 실천하려면 하드웨어, 소프트웨어, 콘텐츠라는 3가지 자원이 필수이다. 하드웨어는 교실이나 칠판과 같은 교육 장치, 소프트웨어는 교원 및 참가자, 콘텐츠는 케이스와 같은 교재다. 이런 필수 3요소는 교육목적 아래에서 유기적으로 기능시키는 '힘'이 작용하지 않으면 정착하기 힘들다. 케이스 메소드를 교육 문화로 정착시키는 일환으로 교육학Pedagogy의 역량을 빌려 교원 구성의 한 영역으로 내포할 수 있는 것은 고등 교육기관으로서 매우 명예로운 일이다.

거듭 말하지만 MBA 교육은 리더 육성의 장이다. 회사나 사회를 행복하게 만들고 싶다고 진심으로 바라는 사람이 모여

토의하고, 반성하며, 신념을 형성하는 장소. 제약이 심한 상황에서 리더로서 어떤 선택을 하고 어떻게 행동해야 할지 고민하는 정신 수행의 장이고 싶다. 우리가 추구하는 매니지먼트 교육이란 사회를 풍요롭게 할 리더를 육성하는 학문이지 결코 그 이론이나 지식을 자랑스럽게 내세우기 위한 도구가 아니다.

마지막으로 MBA를 목표로 하는 사람들에게 한마디만 더 하고 싶다. 지금이야말로 자신과 마주하라. 그것이 리더의 숙명, 여러분의 운명이다.

나고야 상과대학 이사장
구리모토 히로유키

비즈니스 모델 디자인

하버드 MBA식 케이스 스터디

초판 발행 | 2022년 6월 27일
펴낸곳 | 유엑스리뷰
발행인 | 현호영
지은이 | 고야마 류스케
옮긴이 | 정지영
편 집 | 김희선
디자인 | 장은영
주 소 | 서울시 마포구 월드컵로 1길 14, 딜라이트스퀘어 114호
팩 스 | 070.8224.4322
이메일 | uxreviewkorea@gmail.com

ISBN 979-11-92143-32-3

「名古屋商科大学ビジネススクール ケースメソッド
MBA 実況中継 03 ビジネスモデル」(小山龍介)
NAGOYA SHOKA DAIGAKU BUSINESS SCHOOL CASE METHOD
MBA ZIKKYOCHUKEI 03 BUSINESS MODEL